JN157088

ひと日記

このひとに会いたい

中西和久

海鳥社

ひと日記◉目次

Ⅰ　命の闘い

Ⅱ　生と死を見つめる

本書は、九州朝日放送ラジオ番組「中西和久ひと日記」で二〇〇一年五月〜二〇一六年八月に放送されたものに加筆修正し編集したものです。

……の部分は番組での中西和久のナレーションです

I　命の闘い

ハンセン病と差別

林　力《ちから》さん

一九二四年、長崎県に生まれる。一九二六年より福岡在住。西南学院大学卒業。小学校、高等学校教諭を経て九州産業大学教授を務める。一九五三年、九州、福岡で同和教育を提起。全国同和教育研究協議協議会副委員長、福岡県同和教育研究会長、福岡県社会教育委員などを歴任。一九七四年五月、『解放を問われつづけて』で父がハンセン病であったことをカミングアウト。著書多数。現在ハンセン病家族補償原告団長他。

……同和教育の草分けとして知られる林力さん、九十一歳。お父さんがハンセン病患者であったことを隠し続けた半生でした。国の隔離政策の犠牲者は当時者ばかりか、その家族もまた被害者でした。今年（二〇一六年）、全国の家族五六八名によって国家賠償請求訴訟原告団が結成され、林さんはその原告団長も務めていらっしゃいます。

福岡市長選挙差別事件

中西　林先生は全国の同和教育の推進者として中枢におられた方ですけれど、お父さんがハンセン病患者だったことを明らかにされたのはいつごろですか。

林　一九七四年の二月に出した『解放を問われつづけて』（解放教育選書5、明治図書出版）

という本があるんです。その中で初めて父親がらい患者であったということを明らかにして、それから『「癩者」の息子として』（明石書店、一九八八年）という本を出版しました。

中西　それまではハンセン病患者の息子だということは言えなかったんですか。

林　隠していました。戦後すぐ小学校の教員をしておりましたときに好きな人ができて、うまく行っていたと思っていたら、その人のお父さんが警察官僚であったということもあると思うけど、刑事がうちへ来ているんです。私の留守中に母親から父親のことを克明に聞いて帰っている。その翌日から、廊下で顔を合わせても顔をそむけるようになった。そして、その年度末には転勤していきました。それから懸命に隠しましたね。

中西　先生が同和教育を推進されるようになってからもそうだったんですか。

林　同和教育に関わった直接の契機は一九五六年の福岡市長選挙差別事件です。九州大学の学生たちと協力して、事件の経緯などや部落の実態調査などをして、翌一九五七年二月に金沢であった第六次日教組教研に持って出たんです。そこで全国の皆さんが「同和教育」という呼び名で実践しているということを知り、驚き慌てて帰って来て、その年の五月に三人の仲間で福岡市同和教育研究会を旗揚げをしました。

中西　そのころは「よか先生、よか先生」とずっと言われていたんでしょう。

林　失恋した思いもあって、朝から晩まで、子ども、子ども、子どもと暮らして「よか先生」と言われていたんです。けれど、「人権」とか「差別」とかいうことで自分の教育実践を検証するという視点はまったくなかったですね。

……どこでもいつの時代でも、人権侵害の被害者は当事者ばかりではありません。ハンセン病によって隔離された父。そして引き離された母、林さん、そしてその事実を知って離れて行った恋人もやはり犠牲者だったと言えるのかもしれません。

父親のこと

林　父の体に異常が出たのは、私が小学校三、四年生の頃。手が内側に湾曲して、眉毛が抜け出し、奇妙に汗をかくんです。あれは汗腺をやられるんですね。それからちょっとした傷も治らない。

父が療養所に向かったのは、私が小学校の六年生の夏休みの終わりころ。強制収容ではなくて、自分から行ったみたいです。風呂敷包みを一つ持って、痛めた足を引きずりながら遠ざかって行った。

そして数日したら、手紙が来ました。鹿児島から古江へ錦江湾を渡るときにハンセン病患者ということがバレて、船中、消毒で大騒ぎがあった。皆さんが震え桟橋を降りた後に、自分が下ろされた。そして園のトラックに乗せられて恵愛園という所に来た。ここは非常に静かな所で、星がきれいだ。世間におるときには気兼ねしていたけれど、ここには同じ風貌、同じ病の人がいっぱいだから気兼ねなく暮らせる。そういう手紙でした。
父親が園に入りまして、数年後に終戦。外の世界と同じように民主化闘争が始まった。園長の権力が絶対の所だったから特に反動が大きかったと思う。その様子を見て、父は宗教しかないと。浄土真宗の熱心な信者で、思い定めて浄財を集めて園内に大きな浄土真宗のお寺を造り、そこの離れを病室兼居住区にして念仏三昧、一九六二年二月十一日に亡くなりました。

中西　先生が『解放を問われつづけて』を出されたのは、お父さんがお亡くなりになった後だったんですね。

林　そうですね。父親がまだ生きているときに、そういう本はとても出せなかったと思います。

中西　でも、このときの反応はどうだったんですか。

林力さん。ＫＢＣ九州朝日放送のスタジオにて

林　私の耳には社会の反応は聞えなかった。驚きながら黙殺でした。部落解放運動のなかでも黙殺したのが、これがわからない。

中西　部落解放運動の中でも？

林　部落解放運動の中でも〝らい〟というのは取扱いかねていたんだと思うんですね。

……「らい」は戦後のいわゆる民主教育でも完

全に黙殺された。……人権を声高に論じた人たちも黙殺した。もっとも罪深い差別は存在の無視、黙殺である。」（林力著『父からの手紙』草風館）。

これは人権に関わる人たちへの問いかけ、さらに今を生きる私たち一人ひとりへの問いかけのように思われてなりません。

国は明らかにする責任がある

中西　らい予防法が廃止になって、二〇〇一年（平成十三年）に国家賠償訴訟に完全勝訴しますよね。これを迎えたときに、先生はどういう気持ちでしたか。

林　初めて国が責任を認めたわけですから、それこそ「親父がおったならば」と思いました。

中西　国が謝罪をしたということで世の中は何か変わりましたか。

林　世の中は、ハンセン病のことは知ったような知らんような顔をしていますね。

これは一つは日本の教育に問題がある。「無知は差別の始まりである」と言うでしょう。ハンセン病という病気そのものについても、国が何をしたかということについても、日本の教育はまったく触れていない。だからずっと風評ばかりが伝わって予断と偏見がどこかにある。

それはこれからの問題で、もっと表に出して、どういう病気で、日本の国が一九〇七（明治四十）年のらい予防法（癩予防ニ関スル件）以来、何をしたかとか。隔離政策というのは、他国にないような法律ですからね。そういうことを義務教育の中で明らかにする責任が国にはあると思います。何もかもうやむやにしてしまって、忘れているようで忘れていないという形で、間違った考え方が広がっている。それは教育で、国のやったことも含めてはっきりさせる必要がある。

中西　熊本のある温泉で宿泊拒否事件がありました。

林　差別というのは、いざというときに現われる。例えば、その人を雇うとか、結婚をするということになったら、これは、ということですからね。日本の政府が大変な、世界に類のない差別政策をやってきたわけです。国にはそのことも含めて子どもたちにきちんと教える責任があると思います。

……十数年前、ある町の芝居小屋で私のひとり芝居を上演することになり、近くのハンセン病療養所から元患者さんたちにご来場いただくことになりました。無事大入りで幕を降ろすことができましたが、上演にこぎつけるまでに経験した「偏見」のすさまじさを私、今でも忘れることはできません。

恥でないことを恥とするとき

中西　ハンセン病の国家賠償訴訟に勝訴してからこれまで、ハンセン病の当事者の元患者さんだけじゃなくて、その家族の人たちも実は被害にあっていたことが明らかになりました。今年、先生が原告団長になられて、今裁判が起こっています。原告は実名で出て来られるんですか。

林　いや、それはなかなか難しいところで、私のように顔や名前をあらわにしているのは極めて少数です。原告団に名前を連ねた人たちのほとんどが、裁判所には当然顔も名前も出さなければならないけれど、世の中に出すことについては、ほとんど「それは勘弁してくれ」と。原告団にどういう名前の人がいるということは明らかにされておりません。でも、大勢の人が賛同しておられるという陰の声がありますから。

私は父の問題があったから部落問題に目覚めて、部落の人が胸を張って解放運動をしておられる姿に出会うことができましたから、私の父を語り得たわけでね。父があったから部落問題に出合い、胸を張った人たちに出会って父を語る力を与えられた。本当に劇的なことです。

親父は会うたびに「終生の秘密として父を隠せ」と、手紙でもいつも「終生の秘密とせよ」と言っておりました。

中西　それは島崎藤村の『破戒』と同じですね。

林　手紙も十通か二十通か残っています。ゆがんだ手で、付けペンで書いた。これは国立ハンセン病資料館か何かにやっておかないと、と思っています。

中西　先生のお書きになっておられるところで「ハンセン病であったことは何ら恥じることではない。恥でないことを恥とするとき、本当の恥になる」とお書きになっている。

林　それはすべての差別について言えるんです。例えば「部落」に生まれたということは自分の選んだことではないですから。生まれてみたら、ここだったと。そういう問題は随所にあると思います。責任がないことを自分の責任と、思い定めさせられている。

……この番組の取材で私、熊本の菊池恵楓園《けいふうえん》にはたびたびお邪魔しているんですが、数年前に、入園者の皆さんたちだけで、島崎藤村の『破戒』を一九四九（昭和二十四）年に上演されていたという資料を見せていただきました。人間としての「自由」への渇望の深さを改めて教えていただきました。

気づき克服すべきこと

中西　先生が今まで同和教育をやってこられて、今はハンセン病の家族の原告団長になっていらっしゃいます。今の僕たち、あるいはもっと若い世代に伝えたいことはどんな言葉でしょう。

林　民主主義の世の中というのは自分のやったことには自分で責任を持てということですよね。自分でやったことではない、つまり自分の責任ではないことを自分の責任とか、あるいはそれよりもっと深刻な恥として思い定めさせられているものが数々あります。そういうものにもっと気づいていく。それを克服していくということが、日本をより民主的な社会にするものだと、らい者の父親を持って、そう思います。

　そういう面では私は、父には残酷ですけれど、ハンセン病の父を持ってありがたいことだったと思います。

中西　先生がそうやって自分の父親がハンセン病患者だったとおっしゃって、今はその家族の人たちの原告団長になっていらっしゃる。その方々にとってはとても勇気を与えられたことになるんじゃないですかね。

林　自分ではそんな気持ちはありません。一番年上だから、成り行き上こうなったなと。

中西　今、先生はおいくつですか。

林　九十一歳です。

中西　おお！　元気。今、先生を囲んで全国の若い人たちが集いますね。

林　そうですね。林力を囲む「奇人変人の会」と言います（笑）。本当にありがたいことです。

中西　原告団長ですから、まだまだこれから頑張らないと。

林　いやあ、九十歳を越えたって、百まで生きても十年足らずですよ。後半は人のご迷惑になるかもしれんし。確実に死ぬことが近まっているという恐ろしさみたいなものがありますね、ふとしたときに。だからカラオケに行って誤魔化している（笑）。

……「この国は少数者が提起していることが、まさに民主主義の根幹に関わることであっても結局は多数派の原理で抹殺していく………その時、犠牲者はいつの世でも名のない民衆であり社会的弱者である」（林力著『父からの手紙』）

〔二〇一六年六月二十日～二十四日〕

ハンセン病の歴史を後世に

太田　明さん

熊本県出身。八歳でハンセン病を発病、菊池恵楓園に強制隔離。一時、退所し東京都内の商社に就職するが、再発。一九七二年に再入所した。一九八五年から同園入所者自治会役員を務め、一九九九年より自治会長を務める。現在は副会長。

……太田明さんは八歳のときにハンセン病を発病し、熊本県にある国立療養所菊池恵楓園に強制隔離されました。現在（二〇一三年）六十九歳。一時、社会復帰されましたが、一九七二年に再入所。まだまだ根強い差別意識を根絶するために、園内の自治会活動や講演を続けていらっしゃいます。

解剖承諾書

中西　太田さんは八つのときに菊池恵楓園に来られて、自分の死んだ後の解剖の書類に判を押させられたと聞きました。

太田　入所した時点で、子どもも例外なく全員が「解剖承諾書」いわゆる「解剖願い書」に判を押しました。
中西　自分でお願いするわけですか。
太田　そうです。形式的にはね。文書は「解剖願い書」ですけど。
中西　八つの子どもにわからないでしょう。
太田　はい。大人もわからなかったと思いますよ。これがどういうふうに使われるのか。結局、その延長線上に、この十年ぐらいで明らかになった胎児標本や骨格標本の問題があるのだと思います。
中西　胎児標本とはどういうものですか。
太田　園内では結婚は許されていましたが、子どもを持つことは許されませんでした。けれど妊娠される場合があるわけですが、それが胎児標本として、ハンセン病の垂直感染、つまり母体からどういうふうにハンセン病が感染しているかなどの研究材料として、たくさん残っていた。その現物が十年前に発見されたんです。全国六カ所の療養所で、当時は一一四体と発表されました。
中西　今年になって、今度は骨格の標本が作られていたと。
太田　一九二七（昭和二）年から四年までの三年間、患者さん四十三体を解剖して、そのうち二十体で解剖標本を作製したという記録が、熊本大学（旧熊本医科大学）に保存されている解剖台帳に確認されたのです。

国立療養所菊池恵楓園にて、太田明さん（右）と中西和久

当時、療養所のお医者さんや医学生にとっては、ハンセン病療養所というのは解剖天国といわれるほど頻繁に解剖がされていました。もちろん病理解剖でしょうけれど、そういう状況でした。

だからそれが、なぜそういった患者さんの解剖が容易に可能であったかということは、ずっと疑問に思っていました。

中西　自分で最初から願い出ているから……。

太田　そうです。最初から「解剖承諾書」で署名捺印までしていますから。ということは、その延長線上にやっぱりそういった胎児標本なり骨格標本なりが作製されるというのは予想されることだったでしょう。なにしろ隔離政策ですからね。僕は純粋に、この解剖は学術研究のために病理解剖がされたものというふうに思わないと、この解剖された患者さんは浮かばれないなと思います。

……東京ドーム十三個分の菊池恵楓園の広大な敷地には、住居はもちろん、病院やスーパー、図書館、文化会館、さらに各宗派の寺院、納骨堂まで揃っています。

かつてはそこに留置場や火葬場まで完備していました。厚い壁に囲まれた療養所は日本のアウシュビッツとまで呼ばれていました。

入所者の高齢化

中西　骨格標本の問題が明らかになって、どういう動きがありましたか。
太田　二〇一三年五月九日の新聞報道で表面化したのですが、もともと十一日に熊本市でハンセン病市民学会の開催が決まっていました。その冒頭、総会の中で緊急アピールが採択されました。骨格標本における研究がどのようなものであったのか。そしてどういう意味があるのか。当時の九州療養所、現在の菊池恵楓園ですが、そこと旧熊本医科大学との関係はどのような関係だったのか。そういった問題を検証していただきたいということで、調査委員会が設置されました。
我々は一刻も早く真相が究明されることを期待しております。まさにこれは患者の人権といいますか、患者の尊厳に関わる問題ですから。いくらそのときの時代背景が色々あったとしても、こうやって表面化した以上、真相が究明されることを願っております。
中西　入所者の皆さんはどんどん高齢化されていますよね。高齢化も今抱えていらっしゃる問題の一つだと思いますが。

太田　そうなんです。入所者の高齢化は最も深刻な問題です。全国の療養所が今十三カ所あるんですが、入所者は一九七九名、その平均年齢は八十二・六歳です。

菊池恵楓園でも現在三三八名で平均年齢が八十一・四歳と、大変高齢化が進んでおり、今年に入って十二名の方が亡くなっています。ハンセン病特有の後遺症による不自由度が年々増加しています。目が不自由になったり、最大の問題は認知症です。菊池恵楓園だけでも七十七名の認知症の方がおられます。

日常の看護・介護体制の強化は切実な問題になっています。食事の介助、排泄介助、入浴介助など、大変な労働です。そういったところの人手が足りないことが深刻な問題になっています。

中西　人手がどんどん減らされているのですか。

太田　そうです。菊池恵楓園だけでも、この十年間で百名の職員が定員削減されています。現在我々が政府に要求しているのは、国家公務員の定員削減計画からハンセン病療養所を除いてくれと。ある意味では閣議決定されている国家公務員の定員削減計画ですけれど、この閣議決定からでも特例を設けてほしいという運動を現在やっておる最中であります。

……ハンセン病患者の骨格標本を作ったとされる旧熊本医科大の教授・鈴江懐《きたす》という人は、後に日本病理学会会長、京都大学名誉教授を務めた人ですが、ある研究雑誌には、標本について鈴江氏が「大学を訪れる医学会の名士に鼻高々と供覧誇示した」との記載があるそうです。この人、本当に医者なんですかね。

園内に保育所を誘致

中西　去年、恵楓園の中に、「かえでの森こども園」という保育園ができたそうですけれど、どういう経緯があったのですか。

太田　療養所の将来を考える中で、我々は高齢で社会復帰できないので、療養所をまるごと社会復帰させようと、いわゆる療養所の社会化を図ろうということで、合わせてハンセン病に対する偏見や差別を解消していこうと、そういう強い思いがありました。

それともう一つは、地元の合志《こうし》市が現在、熊本市のベッドタウンとして今五万五千人ほど人口が増加しております。そこで保育所が足りなくて、待機児童が非常に多い。そうしたニーズと、我々の強い思いとを、この際ひとつにして具体的に何かできないかという発想のもとでスタートしました。

その前提として、二〇〇九年にハンセン病問題基本法が施行されました。その中で療養所の施設や土地を、法的に利活用してもいいと認められましたので、早速保育所を誘致しようと。たまたま昔の看護学校の教室が開いていましたので、これを全面改修し、昨年二月に開園いたしました。

認可外の保育所なものですから、当初は八人の園児と四人の職員でスタートしたんです。その後、三月に花見をしたり、夏祭り、運動会、文化祭などの園内行事にも園児に参加していただきました。現在は合志市の待機児童対策補助事業を請けさせていただき、待機児童二十五人を受け入れまして、園児が三十名、保育士が十一名で、順調に運営されております。

中西　十年ほど前に初めてこの園に伺ったときに、とても緑豊かな広大な敷地なんですけれど、なぜか子どもの声がまったくしていなくて、びっくりしたんです。最近は子どもの声が園内に響いているわけですね。

太田　そうなんです。一番変わったのは、園児を受け入れることによって、園児の父兄の方が園内に足を踏み入れる。園内の行事である文化祭や盆踊りに、おじいちゃんやおばあちゃんたちまで参加するようになりました。それは大きかったです。

中西　地域の交流センターみたいになってきたんですね。

太田　そうなんです。ありがたいことです。保育所の誘致は非常に明るい話題とともに実績も上げているといえるのではないでしょうか。

……周囲四キロの菊池恵楓園は緑豊かで、いつも小鳥の声が聞こえてきます。かつては厚い壁に囲まれていた園内にはジョギングコースもあって、今や市民の憩いの広場になっています。

「かえでの森こども園」の子どもたちは、きっと将来、ここで育ったことを誇りに思うことでしょう。

子どもたちに未来を託す

中西　菊池恵楓園では断種や堕胎などが制度化され、子どもをもうけることができなかった。以前僕が来たときに、堕胎をした子どものかわりに人形を飾っていらした家がありました。そういう方は多かったですか。

太田　園の資料館にも一部お借りして展示していますけれど、女性は人形を持ってある方がたくさんおられます。それも一体や二体ではなくて、その人形に太郎君だとか名前までつけて。今度の胎児標本の話を現実に聞いて改めて、当然だなとつくづく思いました。

中西　自分の堕胎した子どもの標本をご覧になった方もいらっしゃる……。

太田　そうなんです。そのことを看護婦さんから指摘されて、毎日辛い思いをしたという方もいます。

中西　去年ここに保育園ができて、子どもたちの声が毎日いっぱい響いています。入所者の方には気持ちの変化が見られますか。

太田　女性の方はやはり複雑な気持ちでしょうね。個人差はあると思いますけど。でも、現実に子どもの声を聞くと、明るいし未来を感じます。療養所の雰囲気が明るくなったのは確かです。

中西　子どもたちとの交流はあるんですか。

太田　ええ、自治会事務所には日に二、三度訪問してくれますし、園内も散歩してくれますからね。

　ただ、なかなか声はかけても、触ったり抱いたりするということには、ほとんどの入所者が躊躇《ちゅうちょ》されています。みんな遠慮しています。そこを破るのはなかなか難しいし、時間もかかるかなと思います。でも、この保育園が突破口になればいいと思います。

中西　ここで育った子どもたちは、この保育園に来たことが誇りになるでしょう。みんなが経験しないことですから。

太田　そうです。素晴らしい経験をして巣立ってほしいと思いますし、子どもたちに未来を託したいと思いますね。

中西　そういう子どもたちには、将来どういうふうに育っていってもらいたいですか。

太田　小学校、中学校と地元の校区に通学されるでしょうから、そのときに思い出して、友達を連れて菊池恵楓園に遊びに来ていただければ、これはうれしいですね。そうなることを期待しています。

……未来を子どもたちに託すという太田さんの言葉が胸に響きます。菊池恵楓園の自治会館前には、一九〇九（明治四十二）年に植えられたというクスノキがあります。今やそれが巨木となり、心地よい木陰を作っていました。ここが去年からは地域の交流の広場となっています。

風化させない

中西　黒川温泉のホテルで、菊池恵楓園の入所者の宿泊を拒否するという事件（ハンセン病元患者宿泊拒否事件）がありました。太田さんはそのときにどういう闘いをされましたか。

太田　二〇〇三年（平成十五年）十一月、そのときはちょうど自治会長をしておりました。

熊本県内ではハンセン病問題に対する啓蒙がかなり進んでいるなと思っていたんです。けれど残念ながら、突如としてこの宿泊拒否事件が起きまして、ちょっと戸惑いましたし、残念でした。でも、これを契機に、我々も積極的に社会啓発に取り組もうという本気度が高まりました。そういう意味では、我々自身が大きな衝撃を受けました。

中西　この十年ほどで地域と交流し、いろんな啓発も進んできたと思います。今後どういうことを考えていらっしゃいますか。

太田　地域との交流も、愛好者のカラオケ交歓会だとか、ゲートボール大会そして囲碁大会などといった趣味を通じた交流が進んでいます。そういった同好者との交流というか出入りは、人生をいかに生きるか、人生をどう楽しむかということでは非常に大切なことだと思います。

中西　生まれてきて良かったと思うことですね。
太田　ええ、そうです。園内の盆踊り大会や文化祭なども、地域住民の方がたくさん参加されます。そういった地域との共存をはかる意味でも、こういった園内の行事を今後とも続けていきたいと思います。特にこのハンセン病療養所は医療の場であり生活の場なんです。ですから地域との交流は欠かせません。
それから、長い隔離政策のもとで人権被害を受けて、犠牲を強いられてきた方ばかりなので、そういった人たちを慰霊するためにも、納骨堂だけは後世に残してほしい。
もう一つは、ハンセン病という非常に困難な病気の根絶のために闘ってくれた医学者や職員のためにも、そして、ハンセン病問題を後世に伝えるためにも資料館を新設していただいて、残していってほしい。それがみんなの今の願いですし、大事な我々の使命だという考えを持っております。

……取材を終えた僕を、太田さんは納骨堂に案内してくれました。そこには引き取り手のない一五〇〇柱を超える骨壺が納められていました。肉親から、故郷から強制隔離された人々の無念の思いが胸に迫ってきます。
菊池恵楓園は将来、記憶を風化させないための人権の砦ともなることでしょう。

〔二〇一三年七月八日〜十二日〕

部落解放は文化運動

組坂繁之さん

一九四三年、福岡県小郡市に生まれる。部落解放同盟福岡県連合会書記長、部落解放同盟中央本部書記長などを経て、一九九八年に執行委員長に就任、以後現職。反差別国際運動理事。九州大谷短期大学、折尾女子経済短期大学講師。著書に『部落の語り伝え絵本「火の玉のはなし」』『対論 部落問題』（高山文彦との共著、平凡社新書）

……永いながい部落差別の歴史は、同時にその差別への闘いの歴史でもありました。一九二二（大正十一）年に水平社が創立されてから約九十年の長きにわたって、今でも各地で差別をなくす闘いが続けられています。また、その闘いは常に我が国の人権確立の先頭に立っていました。

今週のゲストは、部落解放同盟中央執行委員長であり、実は私の最初のひとり芝居「火の玉のはなし」の原作者でもある、福岡県小郡市在住の組坂繁之さんです。

きっかけは青年の結婚差別

中西　そもそも組坂さんが部落差別と出会われたのは、いつごろですか。

組坂　そうですねえ、私の所は筑後平野の四十軒ほどの部落ですが、小学校高学年、中学生のころから、どうもよその集落とはなんか違うなあという感覚はありましたけれどね、それが部落差別によるものという意識は、若いころはなかったですね。まじめに働きさえすれば普通に暮らせる。差別はされない、という感じでしたね。そのころはまだ同和教育もありませんでしたしねえ。

中西　組坂さんは、当時としては珍しく部落から大学に進学されますよね。水平社の時代から部落解放同盟の全国委員長で、大学出というのは組坂さんが初めてです。

組坂　確かにそうですね。今でもそうですが、それだけ被差別部落はいわゆる一般地区に比べて大学進学率が低い。特に一九七九年の特別措置法以来、同和教育や同和対策事業で学力保障の闘いが積み重ねられて、ようやく大学に進学する人たちも出てきた。解放奨学金が支給されたり。

中西　何より義務教育における教科書無償の闘いは、一九六一年、高知市長浜の部落の母親たちの闘いから始まりました。憲法にある「義務教育は無償とする」という言葉を武器に闘った。また、そのころ、この福岡県では全国に先駆けて識字学級が始まりましたね。

組坂　そうです。部落解放運動から、今では常識になっている施策は多いです。例えば就職試験のときの統一応募用紙。その人の能力で判断されるべきことを、親の職業まで書かせていた。

中西　そうやって大学まで行かれて、将来のことはどうイメージされていましたか。

組坂　大学を卒業したら、海外に働きに行こうと思っていました。狭い日本にゃ住み飽きた（笑）。メキシコに友人がいましてねえ。

中西　運動とは関係なかった？

組坂　なかった。ただ、社会に出てみると、職場では酷い差別発言が飛び交っている。部落出身の大学出がいるなんて思ってもいないから、私の前で平気で差別発言をする。

　そのうちに私の部落で、結婚差別事件が続けて起こりました。まじめに働いている青年が一人で苦しんでいたんですが、私に相談に来たんです。

　その頃からですよ、こりゃあいかんと思って、私の地元の高校で部落研があり、生徒たちにも会って、その高校の先生や保護者たちと部落差別についての学習会を始めました。

　その中に、今の私のつれあいもいたようで。

……水平社の時代から、この運動のリーダーが福岡県からは三人登場しています。松本治一郎（一八八七〜一九六六年）、上杉佐一郎（一九一九〜一九九六年）、そして今週のゲストの組坂繁之さん。いずれもその時代その時代の人権運動の先頭を走り、切り開いている人々です。いずれも共通しているのは恰幅の良さと髭《ひげ》です。

中西　私のひとり芝居の第一作目は、組坂さん原作の『火の玉のはなし』（部落に伝わる昔話を記録する会編、すみか書房）です。明治の中ごろ、筑後地方の被差別部落に起こった事件です。

ある部落に才三という無類の相撲好きがいた。秋祭りの一番の呼び物は神社の境内で開かれる「勝ち抜き相撲」だった。しかし、そのころ、被差別部落の人々は祭りに参加することを許されてはいなかった。が、どうしても相撲見物をしたい才三は、人ごみに紛れ、頬かむりをして神社に入っていった。

さて、いよいよ勝ち抜き相撲が始まった。隣村で一番の力自慢の権助は次々に勝ち抜いていったが、ふとした気の緩みから最後の五人目にズデーンとひっくり返されてしまう。権助は負けた悔しさから、才三を見つけ引っつかむと「不浄の者が入ってきたけん俺が負けた！」と因縁をつけ、隣村の者たちも寄ってたかって袋叩きにした。

権助が帰り道、被差別部落の墓の近くを通ると、火の玉が浮かんでいた。権助は火の玉を力任せに叩いて粉々にして家に帰るが、明くる日には高熱を発して死んでしまう。傷の癒えた才三が、初命日を迎えた母親の墓に参ると、まだ建てたばかりの卒塔婆が真っ二つに割れていた。

私はこの話をひとり芝居にする前に、実はこの絵本の朗読をしました。一九八六年「いのち・愛・人権展」が東京・池袋の西武百貨店で開かれて、そのイベント会場で語りました。しかし、一人で何かをやってみるというのは気恥ずかしくて、半仮面をかぶって、冷や汗、脂汗をかきながらやっていました。

でも、このお話は絵本になる前に、文芸雑誌「新日本文学」の特集「現代のフォークロア」に掲載されていたのです。組坂さんが筑後地方の被差別部落をオルグして廻る中で耳にした、古老の話をまとめた作品がいくつか掲載されていました。

この『火の玉のはなし』は、どなたから聞かれたんですか。

組坂　親父からです。

中西　へえ、身近ですねえ。

組坂　取材に苦労してない（笑）。でも、いろいろ部落をオルグで廻るうちに書き留めた話をアレンジして、組み入れて、一つの絵本にまとめました。

中西　絵が福岡市内で中学校の美術の先生だった吉郷幸治さん。

このお話は、「差別—被差別」という関係ではなく、差別する側も実は差別されている、と。

組坂　社会の仕組みの中で、弱い立場の人間が、さらに弱い者を痛めつける。弱い者同士をいがみ合わせる。難しくいうと、これは作家の野間宏先生（一九一五〜九一年）が仰っていましたが「差別の重層構造」といいますか……。一握りの権力者のために、さらに弱い者をいじめたり差別したりする。

中西　現代と変わりませんね。

組坂　「格差社会」はますますひどくなっていますね。部落差別は社会の分断装置でもあります。

組坂繁之さん

中西　絵本にされたのはなぜですか。

組坂　差別を次の世代にまで渡さないように、子どもたちの感性に訴えようと思いましてね。それは部落の子どもたちだけでなく、多くの子どもたちが一緒に、絵本を通して「差別のむごさ、苦しさ、酷さ」を心に刻んでほしいと思いましてね。

……我が国最初の人権宣言といわれる『水平社宣言』の冒頭は「全国に散在する吾が特殊部落民よ団結せよ」です。これは一九二二（大正十一）年三月三日、京都岡崎に集まった二千人の部落の仲間内に向かって発せられた言葉ですが、この言葉が今でも新鮮な響きを持って感じられるのは、「団結」という言葉の大切さが部落を飛び越えて日本中に、いや世界中に共感されているからでしょう。

文化は足元にある

中西　部落解放運動の中で、近年は文化の果たす役割が大きくクローズアップされてきました。一九七四年からは「部落解放文学賞」を創設して毎年、識字・記録・詩・小説・児童文学・戯曲・評論などの部門で、いい作品が次々に世に出ています。選者が、金時鐘《キムシジョン》・鎌田慧・梁石日《ヤンソギル》など当代を代表する文学者です。

組坂　作家の野間宏先生が「差別と闘う文化会議」を創設され、その流れの中から、この「文学賞」もできました。中西さんのお父さん、中西重雄先生の戯曲『寛政五人衆』が、たしか第一回の戯曲部門で佳作入選でしたね。この戯曲を元に岩田直二先生の演出で関西芸術座や大阪の仲間たちで上演実行委員会を創って各地で上演した。福岡市民会館でも上演しましたね。

中西　あの芝居を見たのが大学四年生で、この芝居がもとで僕は小沢昭一さんの門を叩いて演劇の世界に入ったんです。

組坂　そうでした。これがあったから私の絵本『火の玉のはなし』がひとり芝居にもなった。

中西　演劇の世界に入ってちょうど十年たっていました。

組坂　ずっとつながっていますね。

中西　部落解放運動というのは世代を超えた闘いですから。

組坂　「文化」というと、何か高尚なもの、高等教育を受けないとできないもの、もっというと部落とは関係ないもの……みたいに思いがちだし、恥ずかしながら私もそう思ってきました。しかし、識字学級の皆さんの作品を読むと凄いですねえ。自分の名前さえ書けなかった人たちが、その生い立ちを訥々《とつとつ》と書いていく。これは今までの日本文学にはなかった。

中西　やはりそのころです。小沢昭一さんが「日本の放浪芸」を探求されて、山口県光市で猿まわし芸が復活した。文学だけでなく滅びゆく被差別部落の芸能にも関心が高まった。

組坂　猿まわしの村崎太郎さんと、ひとり芝居の中西さんが、同じ年に文化庁芸術祭賞を受賞した。これは感動しました。

中西　僕がひとり芝居を始めたきっかけは、一九八五年に、筑豊の記録作家上野英信さんに誘われて、炭坑絵師の山本作兵衛さんの一周忌の催しを嘉穂劇場でやったことでした。そのころは作兵衛さんの絵はごく一部の人にしか、認められていませんでした。でも、そのとき「文化は東京にあるのではなく、足元にある」ということを気付かされました。ひとり芝居「火の玉のはなし」を始めたのはその翌年です。

組坂　上野英信さんの『地の底の笑い話』の中に、山本作兵衛さんの炭坑絵がふんだんに使われていますね。上野英信さんも山本作兵衛さんも、いわゆる「文化」というものから遠く離れているような人々に焦点を当てられた。私は、上野さんの記録文学、そして作兵衛さんの炭坑絵巻にとても励まされました。

中西　今年はその作兵衛さんの絵がユネスコの世界記憶遺産に登録されました。
組坂　すごい！　国宝を飛び抜けて世界の宝になった（笑）。
中西　その上野英信さんが、組坂さんの絵本『火の玉のはなし』が出版されたとき「まぶしいしごと」という跋《ばつ》を書かれています。

……『火の玉のはなし』を手にして、ひさしぶりに、ああまぶしいと思った。美しいと思ったり、すばらしいと思ったりすることはある。しかし、めったにまぶしさを感じることはない。ところが今度ばかりは、なんともまぶしくてたまらないのである。ぼくばかりではない。この本を手にする皆さんも、きっとおなじように感じるにちがいない。いったい、このまぶしさはなにであろうか。どこから生まれるのであろうか。そんなことを、おたがいにとくと考えてみたくなるしごとだ。
（「まぶしいしごと」上野英信）

東日本大震災の被災地へ

中西　もう絵本はお書きにならないんですか？
組坂　童話も書きたいんだけど、「同和」でなかなか自分の時間がとれなくなった（笑）。
中西　ぜひ時間を創って書いてください。
でも今や全国組織の委員長ですし、また近頃は世界を飛び回っていらっしゃいます。先日はスイス・ジュネーブにおいででした。

組坂　はい。でも特に今年は、先日の東日本大震災で駆けずり回っています。スコップやら電動工具やらかき集めて、バスをチャーターして福岡からも青年たちを送り出しましたし、関東ブロックを中心に多くの部落から支援に駆けつけています。私は昨日、大船渡から帰って来たばかりです。ガレキの山でした。行ってみなきゃわかりません。各地から青年を集めて救援活動に取り組んでいますが、まだ始まったばかりですね。

こういうときにこそお役に立つべきです。「お互いさま」ですよ。その昔は、松本治一郎先生が福岡市の東公園で、今でいうホームレスの人たちに炊き出しをされていました。

中西　その松本治一郎さんが昔から「世界の水平運動」とおっしゃっていましたね。

組坂　はい。松本先生が提唱されていたことが、上杉佐一郎委員長の代に一九九三年「反差別国際運動」（ＩＭＡＤＲ）として国連にＮＧＯ登録され、今では約三十カ国に広がっています。国連（ジュネーヴ）での人権コーディネートの役割も担っています。

中西　この番組では部落差別、民族差別、ハンセン病、障がい者差別などなど、いろんな人権侵害についてお話を伺ってきましたが、世界に目をやるとまた違った差別があるのでしょうね。

組坂　最近はシンティ・ロマ、昔はいわゆるジプシーといっていましたが、この人々への差別はきつい。特にフランスのサルコジ大統領（当時）は排外的な施策を唱えていますしね、世界中で格差が広がって、貧富の差による差別、あるいは民族差別などが広がりつつあります。

また我が国では、部落差別について政府はもう解決したかのように言っていますが、国連の「人権委員会」からは厳しい勧告が来ています。特に日本の最高裁、最高検は「狭山裁判」にみられる部落差別に基づく冤罪事件を一刻も早く解決するようにと、二度にわたり勧告を受けています。

中西　その狭山事件の石川一雄さんは今どうしていらっしゃいますか？

組坂　事件発生時、一九六三（昭和三十八）年、二十四歳だった石川さんは今（二〇一一年）、七十二歳です。一九七七年の東京高裁判決で無期懲役が確定し、一九九四年に仮釈放となり、以後、全国各地を無実を訴えて廻っていらっしゃいます。

中西　「狭山事件」は埼玉県狭山市で、当時十六歳の女子高校生が誘拐され強姦殺害された事件です。被差別部落への予断と偏見による見込み捜査で石川一雄さんが逮捕されました。

石川さん、もう青年ではなくなられたんですねえ。

組坂　約半世紀ですからねえ。その間、石川さんの無実を訴えておられた、お父さんもお母さんもお姉さんもお亡くなりなりました。そのお墓に石川さんは未だ参られてはいません。「殺人犯」というレッテルを貼られたままでは手を合わせることはできないと、再審請求を訴え続けています。

……「不可侵、不可被侵」（侵さず、侵されず）という言葉は、部落解放の父と謳われた松本治一郎の座右の銘といわれていますが、なかなか難しいことですねえ。「侵さず」というのは「他人の人権を侵さない」ということですが、私たちは知らず知らずのうちに人を傷つけたり差別していることもあります。「侵されず」は「人権侵害を受けそうなとき、受けたとき」は毅然と立ち向かえ、ということでしょう。「侵さず、侵されず」今一度かみしめたい言葉です。

「人権」を大切にする文化に

中西　部落解放運動というのは、とにかく幅が広いですね。組合運動や個別課題のある市民運動と違って、被差別部落の生活全般にわたっています。仕事・結婚・教育・宗教・文化もろもろ。国会議員もいれば大会社の経営者、教師もいれば医者もいる。金持ちもいれば今日食べることさえ困る人もいる。ただ一点、部落出身者というだけで差別の対象となる。こんな不条理なことって、少しは改善されているんでしょうか。

組坂　そうですねえ、来年は水平社創立九十周年です。同和対策審議会答申が出されてから、そろそろ半世紀です。その間、同和対策特別措置法によって全国の被差別部落の環境はずいぶん改善されました。また、「同和」教育も各地で実践されてきましたし。

以前は就職差別が当たり前のようになされていました。が、各地の被差別部落を特定した差別図書『部落地名総鑑』を、我が国の一流企業といわれるところが軒並み購入するという事件の発覚で、人権に配慮しない企業は社会的に制裁を受けるということになりました。
中西　一流企業二百数十社がズラリと並んで糾弾されている様は、これが日本国憲法で人権の保障されている国かと改めて思いました。あの事件の発覚は私が大学四年のとき（一九七五年）で、カタギの世界がますますいやになった事件でした。それで役者になったわけではないのですが……（笑）。
組坂　宗教界でも一九七九年に、米国で開催された世界宗教者会議で全日本仏教会理事長が「日本には部落差別はない」と発言して、宗教界の差別体質が明らかになりました。墓石に差別的な戒名が付けてあるのが次々に明らかになった。文字の読めないことをいいことに「畜男」「畜女」と付けてあった。部落の人たちはそれをありがたく拝んでいたんです。
中西　それをきっかけに宗教界でも部落問題を考える組織ができていきましたね。
組坂　死んでからまで差別される。許せません。
　また、近頃はインターネットを利用した匿名の差別が次々に明らかになっています。
中西　防ぎようがありませんね。
組坂　いわゆる愉快犯です。
中西　対策はありますか。
組坂　部落差別をなくす法律の制定を求めています。部落解放運動というのは大きな意味でいうと文化運動です。人間の創り出した「差別」という文化を、「人権」を大切にする文化に変革していく運動です。道のりは長いんですが、少しずつ前に進んでいます。教育の大切さを痛感しています。

中西　そうですねえ。同和教育というのが部落の子弟のための教育と誤解されている方も多いと思いますが……。

組坂　そうそう、部落の子どもたちはもちろん、部落外の子どもにとっても、これは大事な人権同和教育です。また子どもばかりではなく、社会教育としても必要です。

……一九六五年に出された同和対策審議会答申には、部落差別の解消が「国民的課題」であり「国の責務である」と明記されています。

「国」はどこか遠い所にあるのでもなければ、過去や未来の国でもありません。国は今そこに住む人、一人ひとりが作っています。部落差別をなくすのは、私たち一人ひとりの責任です。

〔二〇一一年七月四日～八日〕

薬害をこれで最後に

山口美智子さん

一九八七年、次男出産時に血液製剤を投与され肝炎を発症。インターフェロン治療の副作用に苦しみ。二〇一〇年に二十一年間勤めた小学校の教師を退職。二〇〇三年、薬害肝炎訴訟で全国初の実名原告となり提訴。二〇〇八年、和解後も全国原告団代表として、未来に生きる子どもたちに命の大切さや人間としての尊厳を伝える活動を続けている。

……今週は薬害肝炎全国原告団代表の山口美智子さんです。ウイルス性肝炎被害者は全国に三五〇万人といわれます。山口さん、二十年の戦いです。

危険が野放しに

中西　C型肝炎というのはどういう病気なのですか。

山口　C型肝炎ウイルス（HCV）が血液を通じて体の中に入り込んで感染すると……。

中西　肝臓を侵すわけですか。

山口　そうです。肝臓がどんどん線維化して硬くなってくるわけです。

中西　肝硬変になる？

山口　肝硬変になります。そして、着実に悪くなって、それが肝がんになる。そういった道をたどっていきます。それがこの肝炎の病気です。

中西　いつごろ罹られたんですか。

山口　私は一九八七（昭和六十二）年です。次男の出産時の出血を止めるために、止血剤として、C型肝炎ウイルスが混入したフィブリノゲン製剤を打たれたことで感染し、発症しました。

中西　そのとき、そのウイルスが入っていることはわからなかったんですか。

山口　もちろん、それを使った医師もわかっていなかったと思います。

中西　薬を作ったところもそうですか。

山口　いいえ、私がそれを投与された時期よりも以前、十年前には、アメリカではフィブリノゲン製剤で肝炎に罹った患者がかなり多いということで、FDA（アメリカ食品医薬品局）が承認を取り消しています（一九七七年）。製薬会社にはそういう情報が医療機関から上がってきているので、わかっていたはずです。それを結局、野放しにしていたということですね。それがこのような

山口美智子さん（右）と中西和久。スタジオにて

被害の拡大につながったということです。

中西　知っていながら……。

山口　そうです。

中西　犯罪ですね。

山口　そうです。犯罪としか言いようがないですね。

……この血液製剤は、非加熱フィブリノゲン製剤、ウイルス不活化（ウイルスの感染力を失わせる）対策として乾燥加熱処理がなされた製剤により、薬害肝炎が発生しました。

その薬を作ったミドリ十字は一九八三年代は、献血を独占的に取り扱っていて、その一方で薬害エイズ、薬害C型肝炎などの事件を引き起こしました。また、旧厚生省は内部調査チームを作り、国の対応に責任はなかったとの報告書を作成します。この調査チームの責任者はその直後、厚生省の外郭団体へと天下りしたと報道されました。文字通り、厚かましく生きる人々ですねえ。

実名を公表

中西　山口さんはC型肝炎に罹っていることを、いつお知りになったんですか。

山口　結局、その止血剤でも血が止まらなかったもので、輸血をしたんです。その際に、輸血には肝炎になるリスクもあるという話で、退院時に血液検査をしました。それですぐに結果が急性肝炎だということで入院をしました。だから私の場合はすぐに肝炎ということがわかりました。ただ、その原因が止血剤によるものだということや、そもそも、その止血剤を打ったということも私には知らされませんでした。

中西　それがわかったのは、いつごろですか。

山口　二〇〇二（平成十四）年十月に東京・大阪の提訴の記事を見て、私の出産時の記憶が蘇ってきて、そういえば私も輸血の前にスタッフがベッドの周りで「血を止める注射をしないといけない」と話していたことを思い出したんです。それで、私もきっとこの止血剤を打たれているに違いないと思って確認しました。そうしたら、私の場合は運良く、そのときの薬剤師が証明につながるフィブリノゲン納入記録を残していましたので証明がとれました。

中西　この裁判は全国五カ所で、山口さんは九州の原告代表になられて、実名を出されています。実名公表は山口さんが最初なんですよね。どうしてですか。

山口　一つには、それまでC型肝炎は生活の中でオープンにしていきたいし、この病気について詳しく勉強もして理解していましたので、感染症といっても日常生活の中では移らないということは自信をもっていました。ですから原告になるときも、特別隠すような病気ではないと考えていました。

もう一つは、国を相手にする裁判ですから、正面から闘わなければいけないという気持ちです。
また、同じように産婦人科から内科に転院されて、闘病生活を共にした仲間たちが四、五人いたんです。その仲間たちもきっと、私が十四、五年思ってきたように、輸血で肝炎になったから仕方ないと思っているだろう。その仲間たちに、あなたたちもこの製剤によって肝炎になったのだということを知らせたかったんです。

……山口さんの息子さんは「ぼくを産まなかったら、お母さんがこんな病気に罹ることはなかったのに」と、ずっと負い目を感じていたそうです。彼の誕生日は、お母さんがC型肝炎に感染した日でもありました。彼女が実名を出して戦っているのは、わが子に正義を信じ、信念をもって行動する大切さを伝えたかった。それがもう一つの理由かもしれません。

子どもたちにもまっすぐ伝えたい

中西　山口さんは原告団代表として色々なご苦労があったでしょうね。

山口　福岡地裁のとき、息子と同じ世代の若者たちが支援してくださったんです。その子たちを見ていると、この薬害肝炎で薬害は終わりにしたいという思いがだんだん強くなってきました。
せっかく原告になったからには、私たちが頑張っていかなければという気持ちもありましたし、特に九州の原告で実名を出している私が、せっかく顔を出したのだから、この顔を利用して、世論に薬害肝炎のことを認知してもらいたい。そういった気持ちで先頭に立っていました。ちょっとおこがましいんですけれど、やはり自分が動かなければ何も変わらないということは、それまでの小学校の教師としても、また子育ての上でも、動くことで子どもたちに示してきたつもりなんです。

世論に薬害肝炎のことを理解してもらうためには、マスコミの力を借りなければいけないということも、東京に行ってわかりました。新聞社の本社に行って、売込み作戦ではありませんけれど、この顔を利用して、どんどん広報していただくように努力しました。各県を回って、原告になれないたくさんの患者さんとの交流を通して、どんどん私の意識も高まってきて、この方たちの代弁をしなければいけないという気持ちがだんだん強くなっていきました。

中西　お薬を飲んで治療しながら、髪の毛も抜けていきます。カツラをかぶって教室に立たれたそうですが、そのときの子どもたちの反応はどうでしたか。

山口　これは裁判に加わる前の話ですが、インターフェロン治療をして久しぶりに学校に復帰するときに、髪の毛がかなり抜けていました。そこで、最初に前に立ったときにカツラを取って、子どもたちに現状を話して、先生は病気で抜けているのではなくて、病気と戦うための治療をして、その副作用でこういうふうに髪が抜けているんだと話しました。やはりそういったことを、しっかり子どもたちに伝えていきたいという気持ちからですね。

子どもたちも、カツラを取っても笑う子もいないし、真剣に私の顔をずっと見つめて話を聞いていました。

……事実を正しく知れば、差別や偏見を生むことはない。これは小学校の教師としての山口さんのゆるぎのない信念でした。

あらゆる人権問題にいえることですが、「無知」から差別が生まれます。そして「知ること」から行動へ向かったときに歴史が動きます。

若い原告さんを支えたい

中西　裁判が始まって五年。公判ではいろんな場面で国と対決なさるときに、泣いたり笑ったりが交互にありましたね。そういうときに山口さんは、仲間の皆さんにも気を遣わなければいけないだろうし、どういう精神的な葛藤がありましたか。

山口　昨年の秋から、ほとんど東京に常駐したような感じでした。

中西　雨の降るテントの中で座りこんだり……。

山口　そうです。厚生労働省、官邸、国会と、グルグルグルグル回りました。

共に活動をしてきた仲間には若い原告さんもいらっしゃいます。私自身は、仕事にも就き、結婚もし、子どもも産んでと、人生の経験を積んできた中で原告に加わりました。けれど、例えば福田衣里子さんは、二十歳のときにC型肝炎であることがわかって、治療のために入院生活を送り、今度は二十代半ばで原告に加わって、去年の秋に二十七歳になりました。国会で私たち三人で誕生日を迎えたんです。

彼女がぽつりと「去年の誕生日は仙台の裁判所の期日に行っていた。来年もまだ裁判をしているのかなぁ」と言った時に……(涙)、この人たち若者は、早くこの問題が解決しないと、何一つ歩み出すことができないんだなと、すごく辛かった……。自分の息子たちや、これまでの教え子たちと重なってしまって、早くこの問題を解決しなければという思いが強くなっていきました。

記者会見などでも、自分が言うときには、代表としての言葉を発しなければいけないので、そうでもないんですけれど、福田衣里子さんが話し出すと、あの方は辛辣な言葉を言うんですけど、なぜああいう言葉を発せさせなければいけないんだと思うと、あの人が発言するたびに涙が出てきて仕方ありませんでした。

……「女は産む機械」発言で有名な当時の厚生労働大臣は二〇〇七年春、薬害肝炎問題が審議されている委員会で次のような発言をしています。「誠に胸の詰まる思いで聞かせていただきました。本当に心からご同情を申し上げるというほかございません」。

「同情する」⁉ 国政を預かる人々の人権感覚の無さには、ほとほとご同情を申し上げるほかございません。

三五〇万人の命と暮らしのために

山口　今年（二〇〇八年）一月十一日に薬害C型肝炎救済法が成立しましたが、これは肝炎問題の全面解決に向けた土台にすぎません。これから柱を立てていかないといけない。この四月一日からインターフェロン治療の医療費助成が開始されましたが、これも単なる一本の柱です。それ以外にも恒久対策として、インターフェロン治療ができない人はどうなるとか、治療中の補償など色々とあるんです。そういった柱を立てていかないことには全面解決にはつながらないのだと、国会でも訴えてはきたんです。

この救済法では、製剤投与の証明がとれないと救済されず、給付金がおりません。これは不公平ではないかという声もたくさん聞こえてきています。

私たちはおかげさまで和解できましたし、新たに原告に加わった人も順次和解していくと思います。また、三月に引き続き私が代表に再任となりました。提訴以来、B型、C型を含めて、三五〇万人がウイルス性肝炎患者が安心して治療できる体制ができるまで闘うのだということで、これからは私たちが基本合意で勝ち得た定期協議の場で、国を追及していきたいと思っております。

中西　教師はお辞めになっているんですよね。もう一度、教育現場に戻るということはお考えですか。

山口　教師になって二十一年間勤めてきたわけですが、肝炎治療（インターフェロン投与による副作用）のために、辞めざるを得ませんでした。この裁判で私自身も人間として成長しましたので、これで得た命の大切さや人権のことについても、今だったら現職のときよりももっと子どもたちに伝えられるという自信を持っておりますので、そういった仕事に携わっていきたいと思っています。

……インターフェロン治療には毎月八万円ほどかかるそうです。国はこの四月から、その負担を軽減する制度を始めましたが、まだ十分な体制にはなっていません。三五〇万人の被害者を出し、その補償も微々たるものというこの国は、本当に国民の命と財産を守ろうとしているのでしょうか。ちなみにこの五月現在、この製薬会社は被害者との和解どころか、謝罪すらしていません。山口美智子さんの闘いはようやく第二幕が始まったところです。

〔二〇〇八年五月二十六日〜三十日〕

沖縄から見える日本

西表《いりおもて》　宏さん

一九五〇年、沖縄県石垣市に生まれる。一九八二年、法政大学大学院日本文学専攻修士課程修了。沖縄国際大学、沖縄大学短期部大学非常勤講師を経て、現在、香蘭女子短期大学教授、沖縄国際大学南島文化研究所特別研究員、耽羅学会副会長、美ら島沖縄大使、福岡沖縄県人会会長を兼務する。

……沖縄は去年（二〇一二年）、本土復帰四十周年でした。しかし、この国は命よりもお金を選び取ったのでしょうか。沖縄はいまだに捨て石を強いられているようです。

今週のゲストは福岡沖縄県人会会長で香蘭女子短期大学教授の西表宏さんです。

沖縄の声

中西　西表先生、この一年で何か変わったことはありますか。

西表　変わったといえば変わったし、変わらないといえば変わりませんが、近々では、参院選で自民党が圧勝の中、岩手と沖縄で負けましたね。沖縄では普天間基地の移設や、尖閣諸島の問題など色々ありますが、もう日本政府の言いなりにはならないという沖縄県民の意思が投票行動では明確に表われたので良かったなと思っています。

中西　六月二十三日、沖縄戦が終わった日の翌日の各新聞は、全部沖縄で占められます。でも、その日だけなんですよね。

西表　そうなんですね。今年、私は初めて福岡で、「沖縄県慰霊の日」と称しまして上映会をしたんです。ところがなかなか浸透しないというのでしょうか。福岡市民に知ってもらいたくて企画をしたんですが、参加していただいたのは沖縄出身の方々で。それでも良心的な方々は参加していただいて、沖縄の慰霊の日がどういうものかということを認識してもらいました。

やはり「6・23」、福岡では知らない方が多いですね。六月二十三日というのは沖縄では全県民慰霊の日ということで特別な日で、沖縄県の公務員は休みなんです。

中西　え!?　そうですか。

西表　はい。国家公務員は仕事なんですけど。特別自治体の公休法でそうなっているようです。その辺にも国家の体制と沖縄県の体制は違うなと思って。ぜひ六月二十三日、沖縄戦の御霊に慰霊をする日を、これからも皆さんに考えていただきたいなと思っています。

福岡にもそういう日がありますよね、「6・19」の福岡空襲。それと合わせて、六月は戦争犠牲者のことを考え、平和を考える月間にしていきたいなと思っています。そういうところが今年変わったところですね。

中西　四月二十八日、沖縄では「屈辱の日」といわれているらしいですね。

西表　はい、屈辱の日です。
中西　でも本土では「主権回復の日」。
西表　はい、主権回復の日として政府主催の式典もございます。
中西　日本国には沖縄も含まれているわけですから、沖縄も「主権回復の日」とされたわけですね。
西表　そうされているんですけど、私たちはまだ主権が回復されておりません。基地問題を押し付けられたり、いろんな人権問題がありますね。基地以外の最たるものは人権問題なんですよ。
中西　二〇一三（平成二十五）年十一月二十七日に、沖縄のいろんな町の首長さんたちが東京に集まってデモをされましたね。
西表　はい、国会議事堂の前でデモをしました。
中西　ほとんどニュースにはなりませんでした。
西表　なりませんでしたね。マスコミのあり方もこの際、批判してもいいんじゃないかなと思うんですけど。

……太平洋戦争では県民の四人に一人が犠牲になった沖縄。日本の国土面積の〇・六％の島に、在日米軍専用施設の七四％が集中する沖縄。もっと歴史をさかのぼれば、ここは琉球王国でした。
さて、私たちは沖縄の記憶をわが記憶として心に刻んでいるのでしょうか。

沖縄のことは他人事

中西　沖縄の人たちの記憶というのを、本土の人たちはほとんど記憶していないのではないかと思います。

西表　そうですね。記憶にすら値しないような事象じゃないでしょうか。感情もまったくついていっていないですよね。沖縄の感情といってもわからないと思います。

中西　記憶は心に刻むわけですから、自分に起こったことはすぐに刻まれますね。でも、あくまでも……。

西表　他人事《ひとごと》ですよね。沖縄のことは他人事に捉えているんですよね。

中西　全部沖縄に押し付けて、いろんな事件が起こっても他人事です。

西表　そう、まさしく他人事で片づけられてしまいます。そこに県出身者として悔しい思いをしますね。他人事じゃないんだ、と。同胞の所で起きている事件をみんなで分かち合って、何とか改善してほしいなと思うんですけどね。

中西　本土復帰は何年でしたか。

西表　一九七二年ですね。

中西　そのときに沖縄の人たちは、日本という国、あそこに行くんだ、みたいなことがあったでしょう。

西表　親元の懐のあたたかさに帰りたい、「日の丸」のもとに帰ろうということで、私も幼少のころから日の丸運動に出たんです。あれが唯一の憧れだったんです。しかし、一九七二年に復帰したら、今度は逆に、我々の思っていたものではなかったということで、「日の丸」は揚げるなと、こんなはずじゃなかったという失望感が非常に大きかった。その隔たりが今でも続いていると思います。

沖縄差別というんでしょうかね、言葉でいうと。沖縄に何でも押し込めておけば、日本は安泰なんだと。いわゆる基地の問題、安保の問題でもそうですよね。基地が沖縄県に集中している現実は、そういう構造から出てくるのではないでしょうか。

中西　日本の米軍施設がどれくらいの割合で沖縄に。

西表　約七割ですよね。それが一県に、沖縄県に閉じ込められているわけです。

中西　もともとはそうじゃなかったんですか。

西表　本土にもっとあったんです。基地返還などで縮小されて、沖縄に返ってきているんです。沖縄は逆に、返還されたために巨大化というか、強い基地になっている。

中西　濃縮された？

西表　濃縮されて、強い基地になっているんですね。

……我慢強い沖縄の人たちが表立って「差別」という言葉を口にし始めたのは、ここ数年のことです。いじめによる自殺が社会問題になっていますが、いじめを周りで見ていた人たちは後ろめたさを感じないんでしょうか。本土は沖縄に後ろめたさを感じているでしょう、少しは。

沖縄差別

中西　本土の人にとって沖縄のことはどうも他人事……。

西表宏さん、九州朝日放送のスタジオにて

西表　そうですね。こっちから見ても、皮膚感覚で見ても、他人事と思っているとしか考えられない発言がありますよね。

中西　でも、このごろは沖縄と同じことが本土でも起こっている。

西表　起こっていますよね。オスプレイの夜間飛行の訓練など、日本の空も危うくなっていますよね。安保体制の中で。だから怖いですね。

中西　安全のための基地のはずなのに、むしろ事が起こった場合は基地がやられるでしょう。

西表　やられますよね。一番危険な所ですよね。
中西　それが日本中にある。
西表　そもそも本土で他人事のように思えるのは、やはり基地がないからですよね。基地に付随する基地被害というんでしょうか、基地暴行というんでしょうか、暴行事件やら、いろんなことが基地にまつわって出てきています。基地がないがゆえに他人事として見えるんじゃないでしょうか。
　現実的に沖縄は基地と事故とか事件とか、いろんなものがいっしょくたになって混在しているところですから、自分の問題は人に押し付けないということもあります。だからこれ以上の被害は沖縄で留めておいていいという、沖縄のやさしさみたいなものもあるんです。
　ところが本土の方は、それは全然感知しない。だから沖縄で起こっている事件は他人事のように見られるんじゃないかなと、僕は思いますね。
中西　それは差別ですよね。
西表　差別ですね。沖縄差別以外、何ものでもないと思います。悔しいですけどね。その現実の前に、私たちはなす術もありません。
中西　日本国憲法の三本柱は、国民主権、平和主義、基本的人権の尊重とあります。この三つとも保障されていないですね。
西表　されていない。全部侵されています。基本的人権はないですよね。まさしく財産権も認められていないですしね。
沖縄にある基地というのは米国なんです。だから米国の領土に入っていく沖縄人民はイヌやネコと同じ扱いを受けるんです。軍用犬に管理されていたり。フェンスの中に、「この土地に入ると、軍用犬に噛まれてもどうしようもないぞ」という看板が出ています。これが現実なんです。日本国でありながら米国領土、植民地であるという現実が横たわっていますね、

中西　でも民主主義とは、少数者の意見も尊重するもの。

西表　そうです、少数者の意見も大事にしていきたい。だから、その少数の意見というのが沖縄なんです、本来は。本質的な生《なま》の声。人間的な声が沖縄の声だと思うんですけれど、日本政府はなかなか耳を傾けてくれないですね。

🎤……経済的な豊かさも大事ですが、そのために都合の悪いことはみんな沖縄へという心の風景がこの国を覆っている様子です。さもしさの風景とでもいいますか、「命《ぬち》どぅ宝《たから》」、命こそ宝という沖縄方言が妙に懐かしい。

若者に願うこと

中西　沖縄というと、今は日本で一番、人が集まってきませんか。

西表　中年から上の五十代、六十代の方は沖縄問題というと真剣になって集まってくるんです

けどね、若者が集まってこないんですよ。沖縄の政治闘争の課題だと集まってこない。

中西　そうか。

西表　沖縄の文化活動、芸能活動、音楽活動だったら集まってくるんです。それで沖縄にみんなが関心を持ってくれるのはありがたいですけど、ただ、そこで終わってしまっているんです。例えば、沖縄三線《さんしん》を弾く若者がいっぱいいる。今から三十年前は年間五〜六丁しか出なかったのが、今は二百〜三百丁出ます。沖縄というと民謡。あるいは芸能人を多く輩出していますよね。夏川りみとか、BEGINとか、HY《エイチワイ》など錚々《そうそう》たる方々がいますけどね。でも、そういうポップス系ではなくて、沖縄の島唄といいますか、沖縄民謡にこちらの若者が関心を高めているところはありがたいんです。

ただ、そこで止まっている。もうちょっと沖縄の現実的な問題のところまで目を向けていただけると非常にありがたいですし、活気が出てくるんですけどね。

中西　そういう歌とか踊りが、どうやって生まれてきたか。沖縄の歴史はどうだったのか。そこまで関心がいって、それと今を結び付けてくれたら。

西表　そうです。現実的な沖縄というものを捉えるためには、ディープな沖縄の精神性を見ないと深みがないと思うんです。刹那的なファンというのでしょうか、もうちょっと根深いファンになってもらいたいと思うんですけどね。

中西　沖縄の青い海とか、そういうものが破壊されていくことがどういうことか。

西表　そこまで考えてもらいたいですね。失ってからでは遅いです。失う前に「ストップ」ということで若者を結集したいですね。

中西　つながりがないのかな。

西表　歴史のつながりを考えようとしないというのでしょうか。刹那的ですね。

中西　今は平和学習といって、修学旅行で沖縄に行きますよね。

西表　でも、福岡、九州あたりからは少ないんです。今はもう関東が中心です。

中西　中学生や高校生に「平和の礎《いしじ》」や「ひめゆりの塔」を見ておいていただきたいですよね。

西表　そうです。ああいう原点に立ち返って、人間の生きる魂というのでしょうか、人間の尊厳、戦争によって無駄な死があるということを、ぜひ知ってもらいたい。今豊かな日本の姿は沖縄からしか見えてこないんじゃないかと思います。

……西表先生に聞いたんですが、沖縄の空手で本当に強い人はわざと負けるんですって。こいつはオレよりも弱いと思ったら負けてやる。勝つと、仕返しを恐れて常にビクビクしていなければいけませんでしょう。どこかの大統領に教えてやりたい極意です。

中央と地方

中西　沖縄にしても、福島の原発問題にしても、どこか共通したものがあるような気がします。

西表　国策という面では同じではないでしょうか。日本国政府の政策では原発推進というのか何かわかりませんが、電力の問題。沖縄の問題は安保体制の問題ということで、国策という面では共通だと思います。

中西　そうか。都に対して田舎のほう。それを犠牲にしているのかな。

西表　そうですね。中央に対して地方。

中西　福島県に東京の電力会社があるということが不思議ですよね。

西表　だけど、それは中央の目から見たら当たり前ですよ。危険なものは田舎に持っていく。沖縄の基地の問題もそうじゃないですか。地政学的に沖縄に持っていっている。しかしそれは根深い問題で、沖縄の文化問題が出発点にあると思うんです。

第二次世界大戦のときに、捨て石作戦で戦場化されますよね。そこで沖縄である程度アメリカ軍にも出血を要求することによって、敗戦の要求をどのようにやっていくかという、一つの捨て石になっていったのだろうと思うんです。そういう沖縄だからこそ、今の安保体制も沖縄に押しやられていくという問題があるんじゃないかなと思いますね。

だからその文化をどう考えるかだと思うんです。でも日本も沖縄も究極的には一つの同じ文化の中にあるんです。一方はサンゴの島で、一方は秋津洲《あきつしま》の島で、お互いに兄弟の文化だと思うんですけどね。だけど片一方の文化をないがしろにして、片一方だけを大事にしている。

私は福岡で、日本の古代文化を見るには沖縄を見ていこうと。いわゆる日本の姿を見るには、沖縄の姿を見ると合わせ鏡でよく見えるのではないかなと思っています。そういうものを職場で職権を利用してというか（笑）、公開講座をして、島言葉（シマクトゥバ）の日とか、沖縄文化講座などを展開して、本土の方にも沖縄の文化的状況を知ってもらい、同一の文化の中にあるということを認識していただくなかで、沖縄を理解していただきたいなと思っています。

付　ニュースで大きくは扱われませんでしたが、航空自衛隊那覇基地が担う、領空侵犯を行なう中国機へのスクランブル飛行が年々増えています。防衛省は一機一八〇億円もするステルス戦闘機Ｆ35を四十二機購入しました。この機は「戦闘能力は高いが航続距離が短いので、中国本土に近い基地に展開させる必要がある」と、米国の専門家は言っています。しかし、配備は青森県の三沢基地らしい。なぜ？　防衛省関係者の談によると、沖縄はすでに中国のミサイルの射程距離内に入っています。戦闘状態になれば、那覇基地は真っ先にミサイル攻撃を受けますので、とても貴重なステルス戦闘機は配備できない、と語っているらしい。

　沖縄県民の生命よりも戦闘機が大切だということでしょうか。これは、先の沖縄戦当時の状況と変わらないない認識であろうか。「命《ぬち》どぅ宝《たから》」の言葉が響きます。（西表）

……沖縄を他人事として考えるのか、我が事として考えるのか。この国の分かれ道かもしれません。

〔二〇一三年八月五日〜九日〕

ホームレスとハウスレス

奥田知志さん

一九六三年、滋賀県大津市に生まる。九州大学博士課程後期単位取得退学。東八幡キリスト教会牧師に就任。ホームレス支援組織「北九州越冬実行委員会」に参加。事務局長に就任。二〇〇〇年、NPO法人北九州ホームレス支援機構（後に抱樸に改称）を設立し、理事長に就任。二〇〇七年、NPO法人ホームレス支援全国ネット発足、代表に就任。

……NPO法人北九州ホームレス支援機構理事長の奥田知志さんは、東八幡キリスト教会の牧師であり、この二十年、北九州市内のホームレス支援活動を推進してきました。（二〇一六年現在は、ホームレス支援を基盤としつつ、障がい者支援、介護事業、子どもと家族の支援、刑務所出所者の支援に広がっています。）

派遣切り

中西　ホームレスとは、どういう人がどんな事情でなるのでしょうか。

奥田　「自ら望んでホームレスになっている」とか、「好きでやっている」とよく言われます。しかし、二十年間活動（現在では二十八年間）をしていますが、そんな人には出会ったことはありません。国の調査においても七割以上が、失業などの経済的な事情でホームレスになったと答えています。病気で仕事ができなくなったなどを理由にしている方がほとんどです。それを裏付けるような形で、自立して就職される方も数多くおられるというのが実情です。

中西　現在、北九州にはどれくらいいらっしゃいますか。

奥田　市内のホームレスはたぶん二百人ちょっとぐらいだと思います（現在は八十人）。全国で直近のデータでは一万六千人ぐらいです。二〇〇三（平成十五）年に国が初めて実施した全国調査では二万五千人でした。その後、自立支援が各地で起こり、国も法律を作りましたから、支援が進み、一万六千人まで減ったということです（現在は七千人）。ただ、去年（二〇〇八年）の九月が北九州においても数的には底の状態になりまして、その後じわじわと初めて増加に転じています。それまでは確実に数を減らしていたのが北九州市だったのです。

中西　金融恐慌の影響とか、そういうこともありますか。

奥田　あります。日雇い関連で働いておられて、仕事が無くなった方々もおられます。事業所自体が撤退して、今まで自立していた方の中にも働き先が無くなったと帰ってこられた方もいらっしゃいます。

中西　今、派遣というと、ホームレスが重なっているような気がします。

奥田　まさに重ねて見なければならないことです。生まれてこのかたホームレスをやっている人はいません。どこかの時点で失業し、家を無くすということになります。派遣を切られた方々は今最もホームレス状態に近いと思います。
ただ、世間の見方とか、政府なり社会の見方の中には、派遣とホームレスを区別したいという思いが見えます。派遣労働の不安定さは議論されますが、ホームレスは「しかしホームレスは自業自得でしょう」という見方があると思います。ですから現状においては、困窮者や貧困状態にある方々の中に、さらなる格差が生まれているように思います。国の政策とか社会の目は、派遣の部分に集まっていますが、派遣労働という形態の中で、安定した居住がなく、全国を転々としている人々とホームレスは、地続きの状態だと思います。しかし、あまり深刻に考えられていない。それが心配です。

……奥田さんにお目にかかったのは七年ぶりですが、その時もこんなことをおっしゃっていました。「ホームレスをハウスレスと言わないのは住まいをなくした人と言うばかりではなく、家族、親戚、友人からさえも、自分の存在を消してしまわなくてはならなくなってしまった人のこと」を言うんだそうです。

ホームレスは自己責任？

中西　貧困の中に格差が出てきている。

奥田　政府の施策は、必要なものが多いのは事実ですが、残念ながら、その中に元派遣もしくは派遣切りされた方々に対しての施策が中心です。つまり、対象が離職票を持っている人々です。しかし、ホームレス状態にすでになっている方々は、その施策に乗れない。私から見ると両者は同様に困っている、みんな貧乏人同士です。同じような道を歩んでいる。だから、そこで同じ扱いをしなければならないと思いますが、一旦ホームレスいなると「それは別」ということになります。

だから私たちは路上の命、ホームレスの命に偏ろうと思っています。一時、ワーキングプアが話題となりましたね。つまり、年収二百万円以下の働く貧困層の問題です。大きな社会的な話題となりました。しかし私が出会うホームレスの人々は、年収五万円とか十万円の極貧状態です。年収二百万円があれだけ大きな問題であるならば、その何番も大変なのがホームレスです。しかし、そちらの方には話題も施策も向きません。

一旦ホームレスになってしまうと、世間は「しょせんホームレスだろう」と福祉施策などから一線を引かれてしまう。派遣切りで困っている人々には、自己責任という言い方はあまりされませんが、ホームレスに関しては自己責任論で片づけられる。でも、本当にそうか、そうではないと言いたいです。

例えば、ホームレスが激増したのは一九九七年から九八年にかけてです。北九州においては一九九七年にホームレスが一四〇人台だったのが、二〇〇八年には二四〇人台に跳ね上がりました。同年、自殺者が二万四千人だったのが三万二千人に跳ね上がりました。以来、自殺者は三万人を下らないという状態が続いています（二〇一一年以後減少）。一九九七年は、アジア通貨危機が起こり、日本でも企業が倒産しました。北海道拓殖銀行が倒産したのはこの年です。ですから、これらは自己責任ではなく社会的な現象だとみるべきです。経済危機の中で、ホームレスになる人、自殺に追い込まれる人という大きな流れできたのです。にも拘わらず、放っておいていい困窮者と助けなきゃいけない困窮者を作ってしまう。これはまずい。

……「自己責任」という言葉が流行り出したころから、世の中格差が広がってきたように感じるんですが、「自己責任」と言われますとね、ちょっとビビリますよね。でも正社員、派遣、ワーキングプア、ホームレス、自殺……こうしてならべてみますと、皆つながっていますよね。これ誰のセキニン？

「ホーム」の欠落

中西　ホームレスって、なぜホームレスと言われているんですか。

奥田　通常、ホームレスは野宿者を指す言葉です。ただ支援において重要なのは、当事者がどんな困難を抱えているのかをキチンと見極めることです。活動当初の十年ぐらいは聞き取り作業に没頭したのはこのためです。

そんな中で気づかされた二つの課題がありました。つまり、「ハウスレス」と「ホームレス」

です。ハウスとホームは違うと言う事実です。まず、ハウスレスは経済的困窮です。
中西　家がない。
奥田　そうです。家がない、食べ物がない、着る物がない。こういうものを失った状態です。私たちは、これをハウスレス状態、すなわち経済的困窮と呼びました。
　それでアパートを用意し就労支援をしました。でも、それですべての問題が解決するかというと、そうではありません。自立された方を訪ねていくと、アパートに暮らし仕事も決まった。一見順風満帆のように見えますが、部屋の中に一人ポツンとおられる様子を見ていると小倉駅で野宿をされていた時の様子と重なって見えるんです。

恩田知志さん

　居宅設置で野宿、ハウスレスは解消されました。食べることもできる。しかしポツンと独りと言う姿は「ホーム」がない状態が続いているということです。ホームと呼べる家庭や家族、あるいは人との関わりを失っている。私たちは、それを「ホームレス状態」と呼ぶことにしました。野宿時代、「畳の上で死にたい」と仰る。それで居宅設置をする。もう安心かと言うとそうでもないんです。次に「俺の最期は誰が看取ってくれるか」ということになる。現に野宿状態で亡くなる方の六～七割は無縁仏です。アパートに入って亡くなったとしても家族が迎えるのは二人に一人。一人で死にたくない、それがもう一つの大きな課題でした。誰が横にいてくれるかという、これがホームレス問題の本質です。

しかし、この問題は、もはや路上に留まっていません。この時代はホームレス化しています。小学生にもホームレスはいると思います。ハウスレスではないでしょうが。立派な老人施設に暮らしているけれど、一年に一度も家族が訪ねてこない。これはホームレス状態です。人生の中で山あり谷ありいろいろ問題が起こりますが、そのときに相談できる相手がいない。そういう状況で放置された人が最終的に経済的困窮に陥ってハウスレス、野宿になる。ですから、流れとしてはホームレスからハウスレスへという流れが社会全体にあると思います。家のある段階、地域で暮らしている時点ですでに孤立化、無縁化が始まっている。この問題をどうするかが、最終的には路上生活者を止めることとなります。

私たちは路上の人が脱出する出口を作る活動を二十年やってきました。同時並行的に社会全体が今取り組まなければならないのは、入り口をどう蓋《ふた》をするかということです。地域の中でその問題をどう対処するか。誰が受け止めるのか。その体制を作らないと、ホームレス問題は止まらないと思います。

……宗教用語では「人間」と書いて「ジンカン」とも読みます。奥田さんはバラバラにされそうな人と人との間に入って行って、命の灯をともす仕事をずっとやってこられました。

教会の牧師でもありますが、路上の牧師でもあります。

行政の変化

奥田　北九州市では餓死事件が起きました。

中西　「死ぬ前におにぎりを一個たべたい」という遺書があったんですね。

奥田　そうです。それ以外にも、生活保護を切られてそのまま家で亡くなっておられてだいぶ経って見つかった、ということがありました。

北九州市では何十年も前から、水際作戦ということで生活保護の件数を減らす取り組みがされてきました。そういう非常に痛ましい事件というか、あってはならないことが起こっていました。そういう意味では北九州市は犯罪的だったわけです。しかし、それに対して社会的に当然糾弾されましたし、内部的にもたぶん相当な議論をされた様子はうかがえました。

その結果、今は生活保護に関しましては、北九州市は変わったと思っています。例えばホームレスで言うと、かつては「家がない」という理由で保護の申請を受け付けなかった。私から言わせると、家がないこと自体が困窮の最も酷い状態だ。それを助けないでいったい何を助けるんだ、となるわけです。しかし、今では路上からの申請も受け付けています。居宅が決まるまでの生活費なども一時的に貸し付けています。北九州市がそれだけ大きな失敗をした上で学んだことだと思います。変わる可能性はあるわけです。

かつて私は「行政はろくなことはない。敵だ」と十把一絡げにしていました。でも行政を作っているのも人です。人は変わるんだという希望を持ってホームレス支援をやってきた。だから、行政も当然変わっていけるわけです。

課題もあります。「生活保護制度」の現状は、もう少し厳密に言うならば「生存保護制度」に過ぎません。「生きる」というレベル、つまり「生存レベル」で国が保証するということです。でもその「生存」ということを「人の暮らし」にもう一段階上げるためには、やはり我々ボランティア団体も含めた「地域」という事柄が必要です。「公助」である生活保護制度を活用しつつも、人の暮らしにしていくためには「共助」という地域の存在が重要です。すべてを国に期待してもそれはもう不可能な時代になりつつありますし、国が全部やること自体、気持ちが悪い。

今「小さな政府」、つまり行政はなるべき手を出さないで民間が自助的にやるべきと言うことが話題になっているので、こういうことを言うと危険かもしれません。公助の部分がないがしろにされて、国責務が曖昧にされます。例えば、「餓死事件」であったのに「孤独死事件」と言い変えてしまう。つまり、孤独にした地域の責任だと。しかし、あれは「餓死」ですよ。餓死に関しては、やはり国が責任を持つ。生存権の保証は憲法に定められた国の義務です。

しかし一方で、もう一つの問題としては、やはり「孤独死」でもあるということ。例えば病気で倒れてそれっきり半年間、気づかれなかった人も現にいるわけです。こういうことを防ぐのは、やはり地域の課題です。ホームレス、つまり社会的孤立や無縁の部分をどう地域がカバーできるかが問われます。行政と地域と一体となって考える問題です。

……六十数年前、皆が食うや食わずの生活をしていた頃から、私たちは次のような言葉を共有しています。「すべて国民は健康で文化的な最低限度の生活を営む権利を有する」日本国憲法第二五条。じっくりかみしめてみたい言葉です。

誰かの犠牲の上に成り立つ社会

中西　奥田さんはなぜホームレス支援に関わってこられたんですか。

奥田　大学生のときに関西の大学にいたんですが、先輩に連れられて大阪の釜ヶ崎に行きまして、そこで今まで自分が見てきた社会や日本とはまったく違う現実を見せられた。それが非常に大きなインパクトでした。

中西　どういう世界でしたか。

奥田　私は成立した後の世界を見てきたんです。出来上がったビルを見てきたし、架けられた橋を見てきた。じゃあ、誰がそれを造ったのか。発注元はどこかの会社であったり、造ったのは大きなゼネコンかもしれませんが、実際にそこで汗を流して働いた人を釜ヶ崎で見たんです。しかも、そんな風にがんばってきた人たちが無用になると捨てられていく。その人たちが路上に捨て置かれている現実を見ました。私たちは出来上がった後の世界だけを享受している。便利で美しい町だ言っている。しかし、それは誰かの犠牲の上に成り立っているだと。

今は派遣労働が大きな問題になりましたけど、今から三十年前に大阪の釜ヶ崎で見た現象が日本全体に広がったのだと思います。これは日本社会に元々あった問題でしたが、やっと皆さんが気が付いたと言うことでしょうか。つまり、景気の安全弁として作られた寄せ場が、全国に広がったという感じがします。それが今の実感です。

中西　以前、奥田さんにこの番組に出てもらったときは、「こういう組織はできるだけ早く解体できるような社会にしたい」とおっしゃっていました。今、どうですか。

奥田　残念ながら今年二十周年を迎えました。私たちの活動自体が盛んになることは、社会が貧しくなっているということなので、ちょっと複雑な思いです。二十周年の記念集会をしたときも、来てくださった方々が祝辞を言ってもいいのか、だいぶ迷われていました。お祝い事ではない（笑）。去年の秋以降、さらに時代は悪くなっています。残念ながら、私たちがもう少しがんばらないとならないこともあります。

……放送で流れた曲はホームレス支援のためにつくられたCD「ゴーイングホーム」の中のドボルザーク作曲「遠き山に陽は落ちて」です。新しい施設の開設が急がれています。ホームレス支援機構（抱樸）ではカンパも受け付けています。〔二〇〇九年五月十八日〜二十二日〕

II　生と死を見つめる

障がい者が自立できる社会を

船越哲朗さん

一九六七年、大野城市生まれ。障がいがある次男を授かったことを契機に障がい者の暮らしや自立の実態を知り、親亡き後の三人の子どもたちの人生を考えるようになる。障がいがあっても普通に企業で働き自立できる社会の必要性を感じ「障がい者と企業をつなぐ架け橋」になることを決意。二〇一二年に二十二年間勤めた会社を辞め、二〇一三年に社会福祉士の資格を取得、翌年にワークオフィス絆結を立ち上げた。

……大手の会社を脱サラして、障がい者が経済的に自立できる社会にしたいと、障がい者就労支援事業所「ワークオフィス絆結《ばんゆう》」を開設した船越哲朗さん。企業人、社会福祉士、そして障がいのある子を持つ父親として、企業と障がい者との橋渡しに懸命の毎日です。

仕事とつなぐ

中西　「絆結」はどういう会社なんですか。

船越　障がいのある方が社会に出て働くための訓練をするところです。家に引きこもりがちな方だったら、まずは絆結に通う練習をして、ここで一日四時間、仕事をする。それが訓練になって、最終的にはその人ができることや得意なことを仕事とつないで、ここを卒業して企業に送り出すというのが、ここの役割です。

中西　ここに就職するわけではないんですね。ここで育てる。

今、企業は障がい者を雇わなければいけないという法律もありますよね。

船越　あります。法定雇用率というものがありまして、従業員五十人以上の企業は、従業員の二％は障がい者を雇用しなければいけないという法律があります。半分以上の会社が、それをまだ達成できていません。障がい者を雇用したいんだけれど、どうしたらいいかわからないという企業がほとんどなので、そのような企業にアドバイスをさせてもらいながら、働ける人を送り出すというのが私たちの任務です。

中西　これまでどれくらいの人たちが会社に就職されましたか。

船越　二〇一五（平成二十七）年五月現在の絆結の卒業生としては三人いらっしゃいます。

中西　どういう職種ですか。

船越　まず、一人の女性はパソコン入力の仕事。もう一人はパソコンの製図ソフトのＣＡＤを使って、地面にガス管を埋めるための設計図を描く仕事。三人目は調理師の資格をもっておられる男性なんですが、ある社会福祉法人の障がい児入所施設の厨房で、朝と昼の給食の下ごしらえや食器の洗浄などをする仕事に就きました。

中西　今ここで学んでいらっしゃる方はどれくらいいらっしゃるのですか。

船越　全部で十四人です。

……「絆結」は絆《きずな》を結《むす》ぶと書きます。企業も障がいのある人たちも、お互いがお互いを必要としています。ワークオフィス絆結。歩き始めて一年が過ぎました。

きっかけは我が子

中西　「絆結」を作られたきっかけは何ですか。

船越　私はもともとサラリーマンでしたが、三番目に生まれた子に障がいがありました。

中西　どういう障がいですか。

船越　知的障がいと発達障がいで生まれてきました。この子を授かったときから、この子の将来はどうなるのだろうと色々と考えて、調べていくと、障がいがあるとなかなか生きづらい世の中だとわかりました。働くにしてもなかなか働けない。働いたにしても、いわゆる「作業所」といわれるような所で、月給が一万円にも満たない。じゃあ、親が死んだ後、きょうだいも含めたこの子たちはどうなるんだろうと。

　障がいのある方が当たり前に働ける社会を作りたい、と言うとおこがましいんですけれど、それに直接関わりたいと思って、この事業所を立ち上げました。

中西　お子さんの障がいは、いつわかったんですか。

船越　子どもは今十三歳ですけど、三歳のときに。もともと生まれてすぐから、上のお兄ちゃんやお姉ちゃんと育ち方が違うなというのはありました。わかりやすく言うと、三歳になって

船越哲朗さん。次男と一緒に絆結オープンイベントにて

も言葉をしゃべれない。耳が聞こえないのかなと思ったけど、大きな音を出すと振り向くので耳は聞こえている。そういうことで、三歳児検診の後ぐらいに、ちょっと成長がゆっくりなので調べてみましょうということで、調べていただくと障がいがあることがわかりました。

中西　絆結が立ち上がるまでにいろんなことを経験なさったり、考えたりなさったわけですね。

船越　そうですね。立ち上げるまでの約十年間は、ある程度大きな企業で働いていましたので、そこで収入を得ながら、この子たちにお金という形で残した方がいいものなのか、それとも直接社会を変えていくことに関わった方がいいのか、ずっと五年以上悩みました。

悩んだ結果、私が死ぬときにどちらが後悔しそうかなと考えて、会社にずっと居続けてサラリーマンとしての大役を終えて、老後の生活を送ったとしたら、死ぬときに多分そっちの方が後悔しそうだなと。もっと子どものために、家族のために、やることがあったんじゃないかなと思いそうだったので、思い切って、後悔しないだろうというこちらの道を選びました。

……「やらずに後悔するよりも」という船越さんには、障がい者が生きづらい社会を生きやすい社会へという大きな夢があります。それは船越さんの確かな歩みで、一つ、また一つと、夢から現実になろうとしています。

絆結の立ち上げまで

中西　絆結を立ち上げたのはおいくつのときですか。

船越　立ち上げたのは四十七歳です。

中西　その前に学校に通ったり、免許を取ったりされたんですよね。どんな資格ですか。

船越　国家資格で社会福祉士を持っているのですが、四十五歳で会社をやめて、同時に資格を取る専門学校に入りました。一年間通って受験資格を得て、卒業と同時に国家試験を受けて、なんとか合格できました。

中西　死ぬときに後悔しない方を選んだということでしたが、それでも不安や葛藤はありませんでしたか。それまで順調に進んでこられて、しかも大手企業で。そのままいけば将来は安泰だったわけでしょう。

船越　そうですね。

中西　まず収入は保証されていますしね。ご家族はどういう反応でしたか。

船越　会社で働いているときは、気持ちの上では一所懸命働きたいということで、社長になるつもりで頑張ろうという感じでやっていました。その姿を会社の周りの方々にも見ていただいていたので、辞めますと言ったときには、もちろん皆さんびっくりされました。

中西　「何かあったのか？　言ってくれ」と。

船越　そうですね。上の方にも下の方にも「一緒に仕事をしたい」と言っていただいていましたので、びっくりされたと思います。ただ、私の家族の状況だとか、今後こういうことをしたいんだと話すと、皆さん「わかった」と。心配される声はたくさんありましたけど、反対される声はありませんでした。

　家族にとっては、今まである程度あった収入がまったく無くなるわけですから、女房をはじめ、みんな不安がありました。けれど、決してひもじい思いはさせないと伝えて、最後には「わかった」と言ってもらいました。

中西　立派！

……船越さんの仕事は、周りの人たち、特にご家族の理解なくしてはなし得ないことでした。しかし、こうでもしなければ、障がい者が安心して暮らせる社会が保障されないことも、私たちは心に留めておかねばならないのではないでしょうか。

職域を広げる

中西　絆結がやっている仕事はどういう内容ですか。

船越　事業を始めるにあたって、大きなテーマを持っていました。障がいのある方の職域を広げるということです。

私も以前そうだったんですけれど、障がいのある方が働く場所、また仕事というのは、いわゆる軽作業。例えば、クッキーを作るとか箱折りをする、そういう「ものづくり」が主だと認識していました。それはそれで仕事として大切なのですが、世の中にはたくさん仕事があって、その仕事で働ける障がい者もたくさんいらっしゃいます。

それをマッチングさせるという意味では、障がいのある方でもパソコンを使った仕事や、企業のどこにでもあるような事務の仕事ができるようになると、どこにでもある仕事ができる人になり、どこの企業とでもマッチングさせやすくなる。そういうことで、ここではパソコンを使ったOA関係の仕事をやっています。具体的には、コピーをする、製本、スキャンニングというデータ化の仕事、名刺を作る、パソコンを使ったデータ入力などをしております。

中西　ダイレクトメールの封入れとか、宛名ラベル貼りも業務内容にありますし、機密文書廃棄もありますね。

船越　機密文書は今、個人情報保護の法律もあって、どこの企業さんも敏感になっていて、独自で機密文書をきちんと処理されています。私どもは、機密文書処理用の箱をお持ちして、それに入れていただいたものを、適正な処理をした上で証明書を発行してお届けするサービスをしています。

中西　業務内容がどんどん広がりそうですね。

船越　最近はテープ起こしの仕事をご依頼いただき始めています。商品パッケージのデザインですとか、その取材に行ってほしいとか、そういう企画まで含めた仕事に広がりつつあります。絆結という事業所名が徐々に広がってきているということから、全然知らない方からのお問い合わせが来て、仕事のお声かけをいただくようになって来ました。

……障がい者だから、あれもできない、これもできないではなく、できることを活かし、さらにできることを増やし、キラッと光るものを創る。これがオフィスワーク絆結のモットーです。

納税できる障がい者を増やす

中西　今後の展望を教えてください。

船越　すごく大きな話になりますが、十年後には、障がいがある方もない方も、社会の中で、普通の企業の中で、普通に当たり前に働いているという社会を作りたいと思っています。

今、絆結のような事業所は税金で賄われていますが、そのような社会が実現できれば、障がいのある方は税金を使う人から税金を払う人になるわけです。十分に働ける方がたくさんいらっしゃるので、税金を払う障がい者がたくさん増える。

先々、超高齢化社会になったとき、二〇五五年には一人の人が一人のお年寄りをみなければいけない時代になりますが、障がいのある方も一緒にそれを背負う立場になって、ともに高齢者を担っていく役割になると思います。

それが、ひいてはこの国のためには非常に大事なことになるので、納税できる障がい者の方をたくさん増やしてくことが、私が目指すことです。十年後にはそういう社会を実現したいと思っています。

昨年（二〇一四年）六月にここを開所して、ちょうど今一年です。三人がここを卒業して働いていますが、そういう方を一人ひとり増やしていく。そして、この考え方を他の事業所に広げていくということで、そのような社会は間違いなく実現すると確信しています。頑張っていきたいと思っています。

中西　二十年前にはそういう発想はなかったですよね。

船越　今は女性の方が社会で当たり前に働いています。でも今から約三十年前、男女雇用機会均等法（一九八六年施行）ができる前までは、女性の方が働くということはまだ特別なことだったと思います。その法律ができて、だんだんと女性が働きだして、今は当たり前になっています。法律ができてそれが当たり前になるまで、だいたい二十年ぐらいかかると言われています。

障がい者の方が働く法律ができたのが、今から約十年前です。今、だんだんと障がい者の方が働くことが認知され始めました。今女性が当たり前に働いているように、今から十年後には、障がい者の方も当たり前に働いている社会になると思っています。

……障がいというのは、障がい者の中にあるのではなく、社会の中にあるんですね。障がい者にとって生きづらい社会は、健常者にとっても生きづらい社会です。共生の社会になれば、弱者や被差別者という言葉さえ無くなることでしょう。

〔二〇一五年七月六日〜十日〕

韓国の文化を伝える

金《キム》聖《リン》玉《オク》さん

一九五六年、大阪市鶴橋生まれ。一九七九年より一九八〇年、韓国舞踊を勉強する為に韓国に留学。大阪、川崎を経て一九九〇年から福岡に。現在は、福岡女子高校で韓国語の講師、小、中、高校、大学などを中心に、韓国文化を在日韓国人の立場から伝える講演活動を行っている。チャンゴ演奏を通じ呼吸を合わせる事を大切にしている

……大阪のコリアンタウンと呼ばれる町に生まれ育った金聖玉さんは、現在福岡市の教育委員会の外国語講師として市内の小・中・高等学校、さらに九州産業大学のゲストティーチャーとして韓国文化を日本の若い人たちに伝えています。

コリアンタウン

中西　金聖玉さんはどちらでお生まれになったんですか。

金　大阪の鶴橋という所です。

中西　コリアンタウン？

金　ええ、戦後の闇市があった商店街の中で生まれたんです。

中西　食べるものから着るものから、朝鮮半島がそのまま来ているような所ですよね。
金　無いものは無いというぐらい、朝鮮・韓国に関するものはすべて揃っていますね。
中西　お父さんとお母さんは一世ですか。
金　そうです。
中西　家庭内では言葉はどうだったんですか。
金　日本語ですね。
中西　お父さん、お母さんも？
金　二人で話をするときは韓国語です。ただ、お互いに韓国の地方の方言があるので、通じない部分もあります。お母さんが済州島出身で、済州島は鹿児島の薩摩弁と同じで、普通にはわからない言葉がいっぱいあるから、要所だけ韓国語で話をしているような形でしたね。
中西　周りの環境もそうですか。
金　そうです。在日韓国・朝鮮人が全国の三分の一が住むという多住地域、生野区という所の、ちょっと離れた所に住んでいました。
中西　どのくらいの人口なんですか。
金　当時はコリアンタウンという街に在日韓国・朝鮮人が二十万人以上いたというふうに聞き覚えています。
中西　朝鮮人、韓国人の人たちが住んでいた所を舞台にするような映画とか演劇、小説などが出てきましたよね。それはなぜでしょうか。

金　一つは在日韓国・朝鮮人が経済的に豊かになったということと、多くの人たちが「これではいけない」というアイデンティティー、主体性ですね、それを模索してきた結果じゃなかったでしょうか。

それが、例えば文化であるとかを後天的に獲得していくという作業が、やっとこの時期になって実を結んできたなという感じを受けます。

中西　日本が韓国・朝鮮を植民地にしていたときには、言葉から何から全部潰されましたよね。

金　「奪われた」と言う方が適当かもしれません。私の父や母は一九一九年、二〇年に生まれていますけれど、生まれたときから日本国籍を持つわけです。一九一〇年の韓国併合の後は、すべての朝鮮人は日本人でした。約四十年近く、そういう時期がありましたよね。だから、日本人らしい名前、言葉、すべてのことにおいて日本人らしくと、同化政策というのですが、そういうことを強要されて生きてきた時期がありましたね。

……我が国の初代総理大臣であり初代朝鮮総監伊藤博文の肖像画の載った千円札を在日朝鮮人・韓国人の皆さんはどのような気持ちで手にしていたことでしょう。一九〇九年その伊藤博文をハルビン駅頭で暗殺した安重根《アンジュングン》は韓国では英雄です。

我が国の人権侵害の歴史はいくら謝罪しても仕切れるものではありません。「いつまで謝罪ればいいんだ」というむきもいらっしゃいましょうが。相手が納得するまで謝罪すればいいんです。朝鮮は「礼節の国」。「礼」には「礼」をもって応える国です。

韓国の文化に触れて

中西　大阪の生野区で生まれた金さんが川崎に行きますね。これは結婚で？

金　そうです。

中西　おめでとうございます。

金　いえ……どうなんでしょうか。騙されたというふうに考えておりますけど（笑）。

中西　その前ですか？　韓国に行ったというのは。

金　そうです。中学三年まで日本の名前で学校に通い、日本語を母語として生活していたのですが、中学生になったばかりの時に、一世である親を通して見える日本社会と、自分が見る日本社会に違いがあることを感じるようになりました。両親は日本語をまともに喋れないし、食卓に並ぶものも、やや朝鮮料理が多い。学校で習う歴史教育や、日本人の友人を見ていると、そっちの方が正しいんじゃないかと、自分と友人との違いが自分を卑下していくきっかけになりました。そして、その違いのはざまで、もの凄く悩み、苦しみました。悩み苦しんでいる時に出会ったのが、韓国の古典舞踊や打楽器のチャンゴの音でした。何かに引かれるように、韓国舞踊を勉強したいと、韓国に留学したんです。

中西　国宝といわれているような人たちに習ったそうですね。

金　日本語では「国宝」ですけれど、人間文化財の方々ですね。習いました。一所懸命勉強しました。

中西　どのくらいの期間ですか。

金　一年です。そして、その文化に触れたときに、自分が否定してきたお父さんたちの存在、韓国・朝鮮人であるという自分にとって疎ましいと思っていたことが、その文化に触れることによって身が震えるぐらいに、心の底から見えない何かが湧き上がってきたんです。

中西　日本に帰ってきて、そのときはどこに帰ってきたんですか。

金　大阪の鶴橋です。帰ってきてすぐに大阪で民族舞踊を教えていたんですけど、結婚後に川崎に移りました。

……あなたが明日から「その名前捨てて、朝鮮名を名乗れ」「日本語を捨てて朝鮮語をしゃべろ」と言われたらどうする？　キムソンオクさんが韓国に渡って母国の文化を吸収しようとしたのは、彼女にとっては「自らを取り戻す」闘いでした。

日本社会への緊張感

中西　金聖玉さんは大阪でお生まれになって、結婚をして川崎に行って、それから福岡に来られた。その三つの場所を経験されて、福岡の印象はどうですか。

金　私は在日韓国、朝鮮人の多住地域に生まれて育ち、結婚後、川崎市で八年ほど生活をした後、福岡に来ました。福岡では、それまでのような環境と違い、私のような存在はとても珍しかったみたいです。生まれて初めて、生活している周りに在日が居ない生活に、最初は戸惑いもありました。高校生の時からキムソンオクという名前を使っていて、表札に「金聖玉」と掛かっているので、それを見たら韓国人だとわかります。

生活し始めたのころは、少し緊張したりもしました。嫌な緊張感ではなく、名前をちゃんと読めるだろうかとか、韓国から来たのではなく、日本生まれの韓国人だということを説明しなければならなかったりとか。けれども、とっても温かかったですね。たまに、「戦後、朝鮮、韓国から引き揚げてきた、韓国が懐かしい」とわざわざ訪ねてくる方もいらっしゃったり。土地柄ですよね、韓国が近いという。

中西　いつごろ福岡に来られたんですか。

金　一九九〇年です。全体的に雰囲気が温かいというか、意識しないでそのままを受け止める、という。違いがあっても、その違いを全然押し付けない。「ああ、いいよ」というような雰囲気を最初に感じました。ラテン系というんですかね。

中西　どういうご家族ですか。

金　今は子どもたちは巣立っていなくなりましたが、上から男の子、女の子、男の子の三人。

中西　子育てはどうでしたか。

金　民族名で学校に行かせていましたから、親としてはとても緊張する部分がいっぱいありました。やっぱり私には見えていない部分で、いろんなことを経験したようです。特に長男は教師を目指していましたから、大学を卒業して教師になろうとしたときに、在日外国人は一般の公務員になれないという国籍条項に直面しました。ですから、そういう意味では、近所の人たちはとても温かかったけれども、まだまだ変わっていかない社会というものに対しては、子どもたちを通していつも緊張感を持っていたというのが現実ですね。

……この国がかつてお隣の国を植民地にしていたこと「強制連行」や「創始改名」などの人権侵害の数々。こういう歴史を知らぬまま両国の若い人たちが将来、一緒に仕事をすることになったとしたら、真の国際交流は生まれるのか、とても心配になります。

両親を否定した過去

中西　自分の体の中に韓国の文化が入ってきますよね。向こうに行かれて修行をされて、その結果、自分の中に何か変化はありましたか。

金　変化というよりも、私はお父さんやお母さんのことを否定してきた、そのことを振り返りました。

中西　否定してきたとは。

金　日本に住んでいると、お決まりの言葉、例えば「韓国に帰れ」だとかは、私たち在日に対して、今もよく吐かれる言葉だし、「お前はナニ人や？」とか、「朝鮮人か？」という、蔑視に満ちた言葉も、子どものころによく耳にする言葉でした。そんな言葉が、普通に日常使われたりした時代でしたね。

朝鮮人だからとか韓国人だからということが嫌でたまらなかった時期に、日本人の友だちのお母さんやお父さんと、自分のお父さん、お母さんとを比べると、日本語がちゃんと喋れないし、日本の文化とは違うものを持っている。だから、両親と外で会うと、日本語以外で話しかけられる気がして、ものすごく嫌だったし、そういう事が重なりコンプレックスになりましたね。

ただ、否定はしていたけれども、やっぱりお父さんとお母さんが大好きだったし、もっともっともっと近づいて、色んな事を知りたかったんだという事を、韓国に留学して気がついたんです

中西　金さんの弟さんは狭山裁判の石川一雄さんのドキュメントを撮られて、毎日映画コンクールのドキュメンタリー映画賞を受賞されました（金聖雄監督「SAYAMA──みえない手錠をはずすまで」二〇一四年）。袴田さんのドキュメントも撮られています（「袴田巖　夢の間の世の中」二〇一六年）。

私がその前にもう一つ見たのが、川崎市で撮られた「花はんめ」（二〇〇四年）。あのドキュメンタリーも良かった。

金　弟は末っ子なんですけど、母が四十歳のときの子どもなんです。ですから母としても可愛くって。そういう親子関係の中で母が亡くなった後に作った映画です。「花はんめ」は母のことを思い起こして、映像の中に自分の母親を投影させたと、私はそういうふうに観ました。

中西　とても温かい映画で、自分の土壌を描いているなと。

……「お父さんやお母さん」は否定しても、捨てようとしてもやはり心の故郷です。金聖玉さんがチャンゴを叩き、韓国舞踊を踊るのはその「心のふるさと」に戻る旅、そして自らを未来へと導く旅なのかもしれません。

打楽器と子どもたち

中西　金さんは今、小学校、中学校、高校、大学と、福岡市内のいろんな教育の現場で韓国文化を伝えていらっしゃいます。伝えるときに一番大事にされていることは何ですか。

金　事実を伝えることです。植民地があった、こういう歴史があったと。それは小学低学年にも理解できるような言葉で、なぜ私がここに立っているのか、ということですね。

中西　子どもたちに、例えばチャンゴの音を聞かせたときに変化はありますか。

福岡市立高校合同文化祭には、福岡女子高校と博多工業高校の韓国文化クラブの生徒たちは、毎年韓国文化発表をする

金　あります。子どもたちは目がパッと明るくなりますね。

中西　理屈を言葉で言わなくても？

金　言わなくても。私は打楽器とは、人の本能を揺さぶるものだと信じています。人類が一番最初に作った楽器は打楽器です。それは人間が持っている鼓動、呼吸、脈拍というものをすべて表わしてくれる。そのときに表われた音というものは、自分が人間であるという原始のところに引き戻してくれる。そういうものを持っているのではないかと、子どもを見て感じます。どこの国のものでも、打楽器に関してはそうだと思います。

中西　踊りもやられますでしょう。

金　最近はちょっと遠のいています。他のことが、副業が忙しくて（笑）。機会があれば、ぜひまた舞台でも作りたいなと思っているのですが、なかなか……。

中西　それは子どもたちに教えられるわけでしょう？

金　韓国の打楽器は教えますが、踊りはなかなか、一夜漬けでは教えられないんです。体現ですから。

中西　打楽器は叩けば鳴りますからね。

金　そうです。打楽器は音を出せばいいんです。すごく単純に作られたリズムの上にのっけて呼吸を合わせれば良い。韓国のリズムであっても、日本のリズムであっても、組み合わせていけば、いい楽曲になっていきます。

中西　子どもたちはそれによって何か変化はありましたか。

金　あります。子どもたちは音を通して自分を表現してくれます。とても引っ込み思案な子がチャンゴを叩くことで顔を上げるようになったり、学級崩壊していたクラスが一つになっていったり。そういう変化を見たときに、また、すべての楽曲を子どもたちが奏で終わったときに、子どもたちはとても高揚した思いを私にぶつけてくれます。それが子どもたちの心の底からの喜びという息づかいで、そのまま伝わってくることがすごく刺激になります。

……何年か前に私、韓国の芸能にふれるためにお隣の国を旅しました。そしたらねえ「世界文化遺産」に登録されている日本の古典芸能「能楽」の故郷は韓国にありました。そういえば朝鮮の太鼓、パンソリの唄声はどこか懐かしい「ふるさと」の記憶につながりませんか？

〔二〇一五年八月三日〜七日〕

スポーツと人権

君原健二さん

一九四一年、北九州市に生まれる。福岡県立戸畑中央高等学校（現・福岡県立ひびき高等学校）卒業、八幡製鐵（現・新日鐵住金）入社後、高橋進から指導を受ける。東京オリンピック八位、メキシコシティオリンピック、銀メダル、ミュンヘンオリンピックで五位。その後、講演活動などで活躍する。

……一九六〇年代から七〇年代にかけてオリンピック三大会連続出場。メキシコでは銀メダルを獲得されています。日本を代表するマラソンランナーとして活躍された君原健二さんは北九州市にお住まいです。今年七十五歳。

断り切れず陸上へ

中西　君原さんが走るきっかけ何かあったんですか。

君原　中学二年生のときですけど、クラスメイトから駅伝クラブに入ることを勧められました。私は小学校のときに運動会で一等を取ったことはないし、走ることは得意ではなかったんですけれど、とても気の弱い中学生で、当時自分の思っていることを主張できませんでした。

中西　内気な子だったんですねぇ。

君原　はい。だから断わることができなかった。たったそれだけのことで走る世界に入りました。一九五五（昭和三十）年のことです。私は本当に、走ることを通して、人生をどんどんいい方向に変えることができたんです。そういうことで、その友達は私の人生の恩人だと、今でも心から感謝しております。

中西　そのころはどういう指導方法でしたか。

君原　高校のときは地域の指導者のもとで自主的に練習をしておりました。

中西　陸上競技部ではなかったんですか。

君原　高校に陸上競技部はあったんですけど、そこでは先生からあまり指導を受けることがなくて、自主的に九州工業大学のグラウンドへ行きますと、当時は戸畑市役所の職員がリーダー的な役割を果たして選手を指導していただいていたので、そこで練習をしておりました。

中西　指導は厳しかったですか。

君原　いや、八幡製鉄に入ってから本格的に厳しい練習になりました。そのときの監督は高橋進さんで、軍隊に行った経験がありました。「鬼の高橋」といわれるぐらい、選手から恐れられておりました。日本記録を持つ選手でも殴って、暴力をふるっておられたんです。私もいつか殴られると覚悟していたんですけれど、私が入社したころから指導方法がだんだん変わっていったんです。それで、私が手をあげられることは競技者生活の間一度もありませんでした。

私はオリンピックを目指して頑張ってはいましたが、コーチがとても大きな期待を私に寄せていて、それに対して私はそんな器ではないと、そのことで私はコーチの指導と違った行動を起こすことがよくあったんです。

中西　それはどういうことですか。

君原　例えばコーチから練習をやめるように言われても、故障で遅れた分を取り戻そうと思って、まだ走れそうでしたら走り続けていました。

中西　それはどっちかというと、自分に厳しかったんですよね（笑）。

君原　コーチの言うことに従っておれば故障も少なかったと思うんです。けれど結局、故障を何度も繰り返しました。

……近年、いじめによる自殺や体罰、特にスポーツ分野での不祥事が相次いでいます。今週は君原健二さんに「スポーツと人権」というテーマでお話をうかがいます。

円谷幸吉さん

中西　八幡製鉄に入られて、社会人としてアスリートになっていかれるわけですね。円谷幸吉《つぶらやこうきち》（一九四〇～六八年）さんとの出会いはそのころですか。

君原　実は高校三年生のときに山口県下関市でインターハイがありまして、そのとき円谷さんは五〇〇〇メートルに出場して予選落ちでした。私は一五〇〇メートルに出場して予選落ち。しかし、初めて私が円谷さんを知ったのは、それから三年後の秋田国体でした。五〇〇〇メートルを一緒に走って、彼は二番、私は三番でした。彼も私も初めて全国大会で入賞したレースだったんです。

中西　それからずっと互いに切磋琢磨《せっさたくま》されるわけですね。

君原　そうですね。特に円谷さんを意識したのは、東京オリンピックの前年、ニュージーランドに初めて海外遠征したときです。そのときの円谷さんは二万メートルで世界新記録を作って、本当に衝撃を受けたんです。円谷さんと私は共通の思い出がたくさんあります。

中西　東京オリンピックでは円谷さんは三位、君原さんは八位でしたね。

　円谷さんは国立競技場には二位で入ってこられた。

君原　そうです。ゴールまで二〇〇メートルの辺りでイギリスのヒートリー選手から追い抜かれて三位になった。それでも、日本はそれまでオリンピックの陸上競技ではなかなかメダルが取れなかったんです。円谷さんはベルリンオリンピック以来二十八年ぶりのメダルを獲得するという輝かしい成績を納めたんです。

　けれど円谷さんは、国立競技場の中で、国民の見ている面前で追い抜かれて、国民に申し訳ないことをしてしまったと。そのお詫びをするために次のメキシコオリンピックではもう一度メダルを取るんだと言って、東京オリンピックが終わってすぐにトレーニングを始めました。

君原健二さん、ご自宅で

私は、選手としての責任がとっても辛かったことや、国民の皆様から受けたプレッシャーが辛かったことを考えると、もうあんな辛い思いはしたくないと思って、勝手きままな生活を送って、一年間はほとんど競技には参加しませんでした。だんだん競技から離れていきました。

円谷さんは結婚したい好きな女性がおられたんですが、彼の上官であります自衛隊の体育学校の校長先生が、メキシコオリンピックという大切な試合を前にして結婚はダメだと横槍を入れられた。結局、それで結婚話は破談になりました。

一方私は、東京オリンピックが終わって半年後に佐賀県の女性に初めて会ったんですけど、その女性とは二年も文通しながら一度も会ったことはなかったんです。初めて彼女に会って、私の場合は一年後に結婚できました。ここに円谷さんと私の大きな人生の分かれ目があったような気がいたします。

中西　円谷さんは、そのメキシコ大会を前にして……。

君原　ええ、ちょうどメキシコオリンピックの年が明けて間もない一月八日に、二十七歳という若さで自ら命を絶ってしまいました。

……「父上様母上様　幸吉は、もうすっかり疲れ切ってしまって走れません。何卒お許し下さい。気が休まる事なく御苦労、御心配をお掛け致し申し訳ありません。幸吉は父母上様の側で暮しとうございました」

(円谷幸吉さんの遺書より)

「日の丸」を背負う

中西　メキシコ大会の少し前に、円谷幸吉さんが自ら命を絶たれました。日本代表選手として、相当な重圧を感じておられたんですね

君原　実は東京オリンピックのちょうど一年前、プレオリンピックがありました。このとき私は三番目に国立競技場に戻ってきました。ゴール手前二〇〇メートルの辺りで、前を走っていたベルギーのバンデンドリッシュ選手を追い抜いて二番になったんです。そのときに、いっぱいの観衆から声援を受けました。みんなの前で追い抜くことができたので、それから私は「根性の男」といわれるようになりました。

中西　根性といえば君原、君原といえば根性というふうに日本中が沸きました。

君原　そうです。けれど、私にはどうもポジティブな根性というものはなくて、ネガティブな根性は持っているんですけど、明るいイメージの根性は自分で持っているとは思えないんです。根性の男と言われるので、しかたなく受け止めておりましたが、それは結構プレッシャーにはなりました。

私は民間人ですから、東京オリンピックが終わった後、勝手気ままな生活を送って一年間はほとんど競技にも参加しなかったんです。けれど円谷さんは自衛官という、国を防衛するという職務に対する責任感があって、競技に対してもそういう責任感を持って、そのまま受け止めていたような気がします。

中西　マラソンというとオリンピックの花です。選手は国を背負って走っているという気持ちはありませんでしたか。

君原　マラソンは陸上競技でも非常に期待されます。そういう期待感を一身に感じておりました。だいたい三人がマラソンに出ますけれど、別に作戦はありません。一人ひとりが自分の力を精一杯発揮できるように、個人の成績を求めて取り組むべきだと思いました。

中西　オリンピックのときに、日本中がみんな「日の丸」を背負って行っているというふうに思っています。どうなんですか。

君原　当時は日本代表という強い責任感を持っていたと思います。最近は、オリンピックを楽しんでくるという選手もいますが、どうも私は本音で言っているのかと疑問を感じます。けれど、私の時代と今とでは少しオリンピック選手でも立場が変わってきているかなという感じはいたします。

……オリンピック憲章にはこうあります。「スポーツを行うことは人権の一つである。すべての個人はいかなる種類の差別もなく、オリンピック精神によりスポーツを行う機会を与えられなければならず、それには、友情、連帯そしてフェアプレーの精神に基づく相互理解が求められる」。さらに「オリンピック競技大会は、個人種目または団体種目での選手間の競争であり、国家間の競争ではない」ともあります。個人の尊重。それがオリンピックです。

体罰と指導の境目

中西　スポーツの世界には厳しい指導があるんだろうと思います。体罰と指導の境目というものはあるんですか。

君原　特にないと思います。体罰をする方は、指導者の資質の問題です。私の時代でも、全然体罰を使わない指導者はたくさんおられました。今でも体罰をしている指導者は、全体からすれば少ないのではないかと、私は感じています。

中西　今は科学的なトレーニングといわれるようになりました。体罰は、本人が体罰と思わないと、体罰とは認識されないですよね。

君原　そういえば、私の指導者はとっても研究熱心な方です。外国の練習方法などたくさん調べていましたし、栄養学についてもとても研究なさっていました。そういうことで、研究する中から、だんだん体罰的な指導は良くなくて、科学的な練習を取り入れるべきだということで、指導法が体罰から離れていったのかもしれません。

中西　トップになっていくほど、選手個人だけではなくて、周りのいろんな人が追い詰められていくと思うのですが。

君原　そうですね。マラソンの場合、どんどん記録が伸びています。それだけ練習の量もしなければいけませんけれど、練習に耐えられるような取組みをしなければいけないので、本当に指導者も大変になってくると思います。

　私は最終的に世界でマラソンで勝つということは、男子は特に難しくなってきていると思うんです。しかし、近づくことはできますので、そのへんを目指して頑張ってもらう以外ないと思います。

中西　オリンピックを目指している若い選手たちに伝えたい言葉はありますか。

君原　人間に与えられた最大の力は、私は「努力」であると信じています。努力が一番大事な力だと思います。努力を惜しまずにトレーニングに励んでいただきたいと思います。

中西　努力すればしただけ、結果はついてくる。

君原　そうですね。人に勝つというのはまた別の問題であって、自分のレベルを高めることは確実にできるのではないかと思います。

……「人に勝つより自分に勝て」というのは、柔道ばかりではなかったんですね。ところで、その柔道界で近ごろ女子選手に対するパワハラ事件がありました。そのとき被害を受けた選手たちを後押しした元オリンピック・メダリストの山口香さんの言葉です。

「ものを言わない流れが、戦争になったり、独裁者を作ってしまう。発言しないことは罪なんです」

今なお現役

中西　君原選手は現役です。実は、まだ（笑）。

君原　はい。

中西　マラソン選手に引退はありません。今後の目標をお伺いしたいのですが。

君原　私の一番大きな目標は、三年後のアメリカのボストンマラソンに出場することです。実はボストンマラソンは、入賞した五十年後の大会に招待されます。それが三年後にやってくるんです。そのときに、行くだけでなくて、そのレースに出場することが私の目標なんです。

中西　四二・一九五キロを走りたいと。

君原　はい。それで、まず小手調べとして、六十歳の還暦を迎えたときに久しぶりにフルマラソンを走って、三時間三十五分ぐらいで完走できました。六十歳でも走力があることを確認しました。その後、六十五歳のときに、五年ぶりにフルマラソンに挑戦しようと思って取り組んだんですけれど、膝を痛めてしまって、半年間まったく走れなくなってしまいました。それでも歩いたり体操をしたりして、少しずつ回復して、六十六歳のときに六年ぶりにフルマラソンを完走しました。その辛い経験があるものですから、それ以来、毎年フルマラソンを走っています。そうしないと、三年後のボストンマラソン完走の実現は難しいと思っています。

ちなみに今年は、東京マラソン、佐賀のさくらマラソンを走りました。この後、大阪マラソン、神戸マラソン、そして十二月には宮崎の青島太平洋マラソンを走ることにしています。

そして二〇一四年二月九日は北九州市で初めてのフルマラソン、一万人規模の大会が開催されることになっています。地元の大会ですから、ぜひ参加して、そして三年後のボストンマラソンの足掛かりにつなげていきたいと思っています。

中西　楽しみですね。

君原　そうです。マラソンはやっぱり、一時間も二時間も走る練習は辛いんですけれど、そういう目標がありますと、練習はこなせるもんですね。目標がないと一時間も二時間も走る気にならない。目標があると頑張れると思います。

中西　マラソンをやっていて一番楽しいのはどういうところですか。

君原　やっぱり四二・一九五キロという距離は長いんですけど、これを走り切ったときは本当に「やった！」という達成感や充実感を味わうことができます。

中西　君原さんのあの走りを昔から見ていると、首を左右に揺すりながら走っていらっしゃいますよね。

君原　当時は競技者として、最後の最後まで力を尽くさなといけないという意識のもとに頑張っていたつもりです。けれど今は競技者ではありませんから、あまり苦しい目にあいながら走るようなことは避けるようにはしています。少しゆとりをもってゴールができるように。けれど時々ペース配分を間違ってしまって、苦しみながらゴールすることもたまにはあります。

中西　そういうときは首を？

君原　首はあんまり振らないと思いますけど（笑）。

……君原さんにとってスポーツとは何ですかとお尋ねすると、「自分の人間づくりの道場だった」とおっしゃいました。君原さんのお宅には数々のトロフィーやメダルが飾ってあるかと思いましたが、スッキリ、何も飾っていない。ほとんど北九州市に寄贈されたそうです。本当に道場みたいでした。すごい人ですねぇ。

〔二〇一三年七月二十二日〜二十六日〕

芸能界で育った市民運動家

中山千夏さん

一九四八年生まれ。四歳の時、「がめつい奴」に出演、「名子役」として脚光を浴びる。以来、女優として活躍。多くのエッセイや小説の作家として活動。反差別・反戦などの市民運動に取り組み、一九八〇年には参議院選挙に出馬し当選、一期を務めた。その後は著作活動のかたわら、人権や反戦の市民運動を続けている。

……中山千夏さんは舞台「がめついやつ」（菊田一夫作、芸術座）などで天才子役の名をほしいままにし、以後、テレビ人形劇「ひょっこりひょうたん島」（井上ひさし・山本護久《もりひさ》作）やアニメ「じゃりン子チエ」（はるき悦巳《えつみ》原作）などで声優、俳優、歌手、司会者と、芸能界で八面六臂《はちめんろっぴ》の活躍の後、一九八〇～八六年には参議院議員も務め、作家としてもご活躍です。

舞台とテレビが学校

中西　中山千夏さんは一応学校には行かれましたね。

中山　ええ、一応行きました（笑）。

中西　小学校、中学校、高校、ご自身の中で学校はどういう所でしたか。

中山　あのね、やっぱり振り返ってみると、「ひょっこりひょうたん島」のひょうたん学校（笑）。あそこの世界が高校ぐらいですかね。大学がテレビの世界ですね。小学校時代は楽屋の世界。

中西　「がめついやつ」の。

中山　「がめついやつ」は十歳。

中西　あのときは大阪から菊田一夫（劇作家、演出家。一九〇八年～七三）さんが引き抜いてきて、東京に。

中山　連れてこられた。一カ月で帰れると思っていたら、どんどん延びて、どんどん転校させられて（笑）。

中西　菊田一夫さんが千夏さんを見初めたんですか。

中山　八歳ぐらいのとき、梅田コマ劇場で川口松太郎さん（劇作家。一八九九～一九八五）の「母」に出ているときにね。これは三益《みます》愛子さんという、当時とても立派な女優さんが主演の舞台で、母子もので子役が要るということで出たわけです。

中西　菊田一夫さんというと、とにかく戦後を代表する劇作家ですね。「君の名は」とか。

その前は、実はエノケン一座にいらっしゃったんですよね。

中山　そうそう、浅草出身です。私、子どものときから芝居づくりの面白さには感服していて。

中西　そこが小学校で、中学校、高校が「ひょうたん島」だと。

中山　そうそう、高校がね。学園。
中西　どんな人が先生だったんですか。
中山　まず作家の山元護久《もりひさ》（一九三四〜七八年）さんと井上ひさし（一九三四〜二〇一〇年）さんだったでしょう。井上さんはまだ直木賞をとるずっと前で、みんなに「遅い！」とか言われて書いていた（笑）。
中西　やっぱり遅かった（笑）。
中山　遅かった（笑）。
　ＮＨＫの青少年部が、これまたすごい知性の集まりで、結局いい大学を出ないとあそこには入れない。私はそんな人たちにあんまり会ったことないから、「これはすごい物知りの面白い兄ちゃんたちがいるな」と思って、そういう人たちにしつこくぶら下がった。それで色んなことをね。
中西　お芝居づくりもそうですけど、お芝居と社会との関係とか、そういうことも。
中山　非常に社会的に問題提起のあるお話がいっぱいあったんだけど、作っている人たちはあんまり社会性はなかったかな（笑）。「面白い人形劇を作ろう」みたいな、それだけで。世界文学全集的な知識とかは、そういう人たちから。生意気言っていましたよ。

……千夏さんのお話には、この他にも長谷川一夫、古賀政男、美空ひばり、ミヤコ蝶々、森繁久彌、三木のり平など、綺羅《きら》星のような芸能人のお名前が登場するんですが、それがみんな千夏さんの学校の先生。千夏さんって、そのまんま、昭和芸能史の玉手箱みたいな人です。

テレビは先生

中西　千夏さんにとってはテレビが大学だと。テレビではドラマも出て、歌でも。

中山　テレビには、舞台をやめて行ったんですよ。「ひょうたん島」の間は舞台もやっていたんですけど、どうも狭いなという気がしてきて。ちょうど娘時代になってテレビで売れだしていましたから、テレビで仕事があるから、やめても生活は大丈夫だ。舞台をやめよう、と。そしてテレビに飛び込んだわけ。そうしたらたちまち売れちゃうわけです（笑）。

中西　司会も売れるし、「チナチスト」という一派もできる。

中山　ちょうど学生運動華やかなりしころで、それまでの若い女の子の司会者のタイプと違ったみたいなんです。私が振り返って考えると、今どきはあんなのゴロゴロいますけどね。その昔は、女の子というものは大人しくして自分の意見も言わないようにして、主の男の司会者の補佐をして、立てて、みたいな形だったから、珍しかったんでしょうね。それで、きっと世の中がそういうものを求めていたのね。そこへちょうど合致したもんで、バカ売れに売れちゃった。もう、あのころが一番戻りたくない。何なんだ、これは？　というぐらい忙しかった。自分の時間が持てないしね。

中西　現役を、これでテレビをやめますと言ったのは、おいくつぐらいのときですか。
中山　二十二歳ですね。ドラマをやめることにした。テレビを含めてタレント業をやめたのはたしか一九七六年だから二十八ですね。
中西　そんな若いときだったんですか。
中山　そうなんです。テレビで大騒ぎのころって、そうは長くないんです。
　テレビが社会的な先生だったという意味は、反面教師も含めて。テレビの世界ってやっぱり男の人たちの世界なんですよ。男社会というものの仕組みも見たし。そこにも大変知的な人たちがいてね、脚本家の佐々木守とかね。ちょうど「お荷物小荷物」というドラマ、あれがまあ大学ですね。俳優の佐藤慶さんとか戸浦六宏《ろっこう》さんとか、一癖も二癖もある役者たちと毎週大阪で録画撮りで集まっては飲んだ。後で山内さんというプロデューサーに聞いたら、みんなの飲み代を払うのが大変だったって（笑）。
　みんな東京から来るんですよ。守さんも毎回来ては、終わっちゃ一晩飲んで。そこでいろんな話をして。それで私は政治的に目覚めちゃったんです。
中西　それが大学で、卒業したと。

……千夏さんの最近の著書『芸能人の帽子―アナログTV時代のタレントと芸能記事』（講談社）には、このテレビ時代、つまり千夏さんの大学時代を振り返って、こんな記述がありました。「知識と知力は違うことや、大学は本来、知識ではなく考える方法を学ぶ場所なのだという考えを知った」。羨ましい大学ですね。

ウーマンリブに引かれて

中山　テレビというのは本当にお芝居と違って、芸を売るところではなくて、あそこは自分自身を売るようなところなんですよ。それでもうしんどくなっていたら、「お荷物小荷物」の作家の佐々木守さんがね、「千夏ちゃん、テレビというのは非常に素朴なドキュメンタリーだ。ダラダラとした時間をそのドキュメンタリーで埋めているんだ」と言ったんです。私はそのときに目が覚めた。人間からしてみれば、人間が売り物になってしまうんです。

私は芸は売りたいけど身は売らないみたいな、そういう気分があったので、「ああ、だから私は嫌だったんだ」と思って。それで守さんのその番組を最後に、打ち上げのときに、私はもうドラマはとにかくやらないと宣言したんです。

それからだんだんに身を引こうと思っていて、いよいよ引くきっかけになったのは、七〇年代にウーマンリブという運動があった。これにひどくかぶれちゃうんです。いろんな疑問がね。それはやっぱり男社会で仕事をしていたせいだと思うんですけどね。

中西　テレビをやっていたころはドラマだけじゃなくて司会もやっていたんですよね。そのころ一緒にやっていた青島幸男さんとか横山ノックさんとか、その中に千夏さんが入っていて、やがてみんな議員になった。

中山　そうそう。それで、青島さんやノックさんはスタンドプレーヤーだから、自分で決心して、議員になりたくてなった。私は、ここでウーマンリブなんです。ウーマンリブをやって、市民運動に目覚めるわけ。で、いろんな運動に目覚めていく。ウーマンリブの中で人権を学んだわけです。そして、そういう人権なんかをきちんとやっていくためには、政治も「嫌い」といって放っておいたら、どうなってしまうかわからない。やっぱり大人はきちんと政治に目を向けなくては、というふうに思うわけです。

　そこに間が悪くというか良くというか、これは言い出しっぺが作家の五木寛之さんだったと聞いているんですが、「革新自由連合」という政党をつくろうという話が持ち上がるわけです。すごい名前でしょう（笑）。これは竹中労《ろう》さん（ルポライター。一九二八～九一年）が考えたらしいんです。

　それで加わって、後ろから押したり手伝ったりするつもりでいたら、いつの間にか前の方にいたんです（笑）。みんなが、千夏ちゃんが出たら面白い選挙がやれるのにと言っているから、「じゃあ、やるか」と（笑）。親は怒るわ、もう大変でした（笑）。だけど出ちゃった（笑）。

中山千夏さん

……学生運動華やかなりしころ、サユリストやチナチストという、ファンの派閥がありました。サユリストはおっとり系の学生、チナチストはちょっと尖った学生の集まりだったでしょうか。五木寛之さんも竹中労さんもチナチストだったんだ。

市民運動は好き

中西　今、胸に綺麗なバッジをつけていらしゃいますが、これは何というんですか。
中山　これね「あ缶バッジ」（笑）。
中西　「NO WAR!」と書いてありますね。
中山　私は一九九〇年で国会をやめて、政治の世界にほとほと嫌気がさしてね。それで、やっと立ち直ったころにイラク戦争反対の運動が起こった。私は寝ていられないと思ってね、そこからまた色々な市民運動をやるようになったの。
　私、政治は嫌いだけれど市民運動は好きなんですよ。市民運動をやるようになって、「おんな組いのち」というグループを作ったんです。
中西　女しか入れないんですか。
中山　男の人も入っていいですよ（笑）。女が頑張って男を守ってあげるというグループなんです。で、女的な考えになった男は入ってもいいんです。
　暴力は反対。どんな暴力も絶対反対、というのを、辛淑玉《シンスゴ》さん（在日韓国人三世、実業家）

たちとつくってね、今はみんな忙しいからインターネットで活動して、ネットにいろんなことをあげているだけなんですけど。そこで最近作ったバッジ。「あ缶バッジ」。
これ、ガッチャンガッチャンと作ったのは、佐古和枝という偉い考古学の女の先生です。

中西　鉄板で？

中山　そう、缶バッジ、これ。だから「あ缶バッジ」。この間作ったばっかりだけど、これを買ってもらって、少し収益があったら辺野古を応援して送ろうかなと思っています。そういうバッジなんです。お一つどうぞ（笑）。

中西　はい（笑）。

中山　国会をやめたら「政治やめるんですか」と言われるんだけど、こういうことが市民の政治だと思うんです。国会は二度とやる気ないんですけど。民主主義社会では、市民の立場でやる政治というのがすごく大事だと思うんです。国会で立派なことをやるのも大事だけど、市民がしっかりしていないとダメだから。そこの場所でやっていきたいなと。

……千夏さんは自分の感覚に正直な人です。自分に嘘をつかずに生きてきた人のようです。芸能人から政治家になって、市民運動家でもあり、作家でもあって。でももう一つ、彼女は今やスキューバダイバーとして有名人です。この二十年間、伊豆の海に潜り続けています。

書いていく

中西　天才子役でデビューして芸能界で活躍されて、参議院議員にもなって、今は執筆も。一言で職業を聞かれたら何と答えますか。

中山　困っちゃうんです。それは本当に一番苦手で。自分でもわけがわからないから（笑）。それと「経歴を簡単に」と言われるのが一番困る。

だけど、好きなこと、今やりたいことというと、やっぱり物書きですね。一人でやれるしね。意外に引きこもりなんですよ。一番最初に本を出したのが一九七〇年なんです。だから本歴はわりと長くて、直木賞の候補に三回ぐらいなった。これからも、物を書くことをしていきたい。

中西　お芝居をやっているときと、物を書いているとき、どちらが楽しいですか。

中山　お芝居はもうダメですよ。こう長くやらないと、まるで素人に戻ってます。ただ、批評眼は鋭いですよ。うちでテレビを見ていてもね、「下手！　大根！」「発声練習ぐらいしてこい！」とか、うるさいの（笑）。で、楽しいの（笑）。

舞台役者ってすごいですよ。だってね、自分が見えないわけですよ。テレビや映画は見られるでしょう。それで直したりできる。だけど、舞台役者は見えないのに、今から考えると見えていたんですよ。そうでしょう?

中西　そうです。

中山　ここで自分がこうしたら客席からこういうふうに見える、とわかっていた。これはね、できなくなってから特殊技能だとわかった。

中西　世阿弥が「離見《りけん》の見《けん》」という言葉で言っていますね。

中山　ああ、そうですか。

中西　どこかで自分を見ている、と。客観的にね。

中山　児童劇団で世阿弥なんか教えてもらってない（笑）。それで、物を書くのも全部それなの。私はいつも自分を誰かが見ているから、客観性には比較的自信があるんです。

　物を書くのもそれですからね。自分に没頭していたら、書いたものが面白くないから、こういうふうに書きたいなと思っている自分を見ている、まあ編集者ですよね。「おまえ、そういうふうに書いたら、読む人に伝わらないよ」とかいう自分がいるの。だからそれで直す。

　それは物書きとしてはできる。だけど役者は見るわけでしょう。私、自分が見えていました。このくらいの声だとどう聞こえるかとか全部わかっていた。だから役者ってすごいなと思う。

……インタビューは伊豆の千夏さんのご自宅で収録しました。後ろにずっと入っている音は、松林を渡る風に乗せて聞こえてきたセミの声です。千夏さんの書かれた文章は、からっと乾いていて、芸能人として培った表現力の豊かさでしょうか。

〔二〇一五年八月十七日～二十一日〕

死は穢れではない

岡本次男さん

一九四四年、碓井町（現・嘉麻市）に生まれる。一九六三年、山田高校を卒業後、名古屋、大阪、東京を転々とし、一九七六年、穂波町（現・飯塚市）に帰郷。その間、七つ程の職を経る。一九七九年に嫁さんと葬儀屋を開業。「山本作兵衛記念祭」、上野英信、晴子夫婦の葬儀などを施工。二〇〇七年に廃業。

……皆さんは、自分のお葬式について考えたことがありますか？　あなたも、あなたも、あなたも！　ついでに私も！　必ず死にます。本日は飯塚で葬儀屋を営まれている岡本次男さんをお訪ねしました。

怖くて神聖な気持ち

中西　岡本さんが筑豊で葬儀屋さんを始めたのはいつごろですか。

岡本　今から十九年ぐらい前ですかね。

中西　最初は戸惑いはありませんでしたか。

岡本　それはもちろん、亡くなられた方を扱うわけですから、特別な気持ちになります。

初めてお世話した方はおばあちゃんでした。病院からご遺体を自宅に連れて帰るときに、担架に乗せて車で向かうのですが、そのときは夜、飯塚病院から小竹町に運んだんです。病院からご自宅に行くときには、横におじいちゃんが乗っておられました。夜中の二時ぐらいだったと思うんですが、おじいちゃんと二人でご自宅までお連れして、座敷に安置して、話をして、さあ帰ろうと思ったときが三時か三時半ぐらいだったと思います。

そして帰りは、当然ながら一人です。ご自宅から大通りに出るまでに竹藪《たけやぶ》があるんですが、竹藪の中を一人で霊柩車を運転して帰らなければいけない。怖いんです。当時三十一歳ぐらいでしたけれど、怖くてたまらないんです。十一月ぐらいの寒い時期だったと記憶していますが、霊柩車の窓を全部開けて、大きな声で歌を歌いながら帰りました。竹藪を越えるときには、たぶん顔色は真っ青だったんじゃないかなと思います。

そういう苦い思い出なんですが、それでも、とにかく死はすごいことだと考えながら歌っていた。怖いのは半分で、残りは亡くなった方の葬儀を今から自分が責任者として行うのだという意気込んだ気持ちと、死に対する神聖な気持ち、そういう気持ちがあったんだろうなと思います。

当時はとにかく精神的に必死だったなと思います。今は慣れて、必死にしているつもりでも、どこかに慣れが出ているだろうなと。だから、あのときの気持ちは絶対に忘れないようにしなければいけない。それが葬儀に対する原点みたいなものでもあります。

……岡本さんとの出会いは一九八五年秋。飯塚市の嘉穂劇場で催された「山本作兵衛翁記念祭」でした。今や世界記憶遺産となった炭坑絵巻の作者の一周忌は、記録作家上野英信氏の企画・制作。私はその演出・司会などを担当しましたが、そのときの舞台製作が岡本さんでした。おつれあいと開業したばかりの、町で一番小さい葬儀屋さんなのに、舞台作りの予算がないと相談すると、「よか、道楽ですたい。ドーラク！」と、気持ちよく引き受けてくださいました。おかげさまで、今でも語り草となるほどの舞台。しかも大入満席でした。

母親を荼毘に付す

中西　岡本さんがこれまでやってこられた中で、印象に残っている葬儀はありますか。

岡本　遺族の方との対話の中で素晴らしいものがあれば、葬儀全体が素晴らしかったというものもあります。

けれど、自分としては、私のお袋の葬儀ですかね。お袋の体内から生まれた私が、最期のお袋の葬儀を自分の責任のもとで執り行うことができた。喪主という立場ではなくて、葬儀を執り行う者の立場で考えて、お袋の体内から出てきた自分が、お袋を荼毘に付すまでの催しを行った。その感激は一番印象に残っています。

中西　一番の親孝行ですね。

岡本　この家を建てて、今インタビューを受けているこの部屋で、お袋は二日間泊まったんで

「山本作兵衛翁記念祭」の舞台、上野英信氏の発案で
山本作兵衛さんの山とボタ山をイメージした

す。そして病院に入院しました。それから五十六日後に亡くなって、私の運転する霊柩車でここに帰ってきました。それから葬儀をして、茶毘《だび》に付して、そしてまたこの部屋にお袋の遺骨を連れてきたんです。そのときに、「お袋さん、ご苦労さんでした。自分なりに一所懸命した葬儀、これがすべての罪滅ぼしと思ってください」と言って、しんみりとお酒を飲みました。

……このお母さんは、僕がまだ若いころ、岡本さんの家に泊まると必ず僕を仏間に寝かせてくれました。僕は朝起きるのが苦手でしたが、お母さんは僕が起きるまで隣の部屋で待ってくださいました。嘆いているんですよね。「あの人が泊まるといつも朝のお勤めができない」と。いいお母さんでした。ありがとうございました。

一億三千万分の一の出会い

中西　葬儀屋さんとして心掛けていることはありますか。

岡本　よく、こういうときがあるんです。身寄りのない方が亡くなられると、穂波町の場合は生活保護費から十三万五千円ぐらい、それといろんなものが一～二万円ぐらい出ますので、十四～十五万円ぐらいの間ですが葬祭費用が出ます。そこからお寺さんのお布施、祭壇の飾り、棺、霊柩車、すべてを賄わなければいけません。

そうすると、隣組の組長さんあたりから「岡本さん、これで儲かると?」と言われます。儲かりませんよと言うと、「儲からないで迷惑じゃないと?」という言い方をされます。

儲かるとか儲からないとかいう前に、日本には今、一億三千万弱の人口がありますが、一人が亡くなるということは、一億三千万分の一の人が亡くなるわけです。そして葬儀を執り行っている私岡本次男も、一億三千万分の一なんです。この方が生まれてから、たくさんの人との出会いや別れがあって、色々な経験をしながら人生を生きて、そしてこの地で、その最後の場面を迎え、私が立ち会うことができた。そうすると、一億三千万分の一の出会いを大事にする。

中西　奇跡みたいなものですね。

岡本　そうです。その奇跡が自分のところに来るということは、葬儀屋の冥利に尽きるわけです。結局、一億三千万分の一だということを常に頭に置いておこうということです。

とにかく初心忘れるべからずでいこうというのが、私の考え方の核になっています。

……一億三千万分の一の出会い。初心忘るべからず。私もこの気持ちで舞台を務めたいものです。

死は一〇〇%起こるもの

中西　死んだ後に喪に服しますよね。あれは、どうしてでしょうか。

岡本　喪に服すというのは、今みたいに科学的な時代ではなくて、非科学的な時代に「死」というものをものすごく恐れ、忌み嫌っていたからだと思います。

私たちがこの業界に入った当時は、火葬場から帰ってくると、必ず塩をまきました。というのは、対象物に対して、ものすごく忌み嫌う行為の現れだと思います。

死は一〇〇%起こるものであって、決して忌み嫌うものでもなければ、穢《けが》れでもない。まして塩をまいたり死者のお茶碗を割ったりする必要などないのです。お茶碗を割るのは死者に対して「あなたが帰ってきても、あなたが食べる茶碗はありません」という意味です。

昔は、「火葬場から同じ道を通って帰ってはいけない」とも言っていました。それは火葬場から死んだ人がついて帰ってくると思われていたからです。うちのお袋が亡くなったときも、火葬場から帰る際に年配の方が「帰りは別の道を帰らなければいかんのやないか」と言うから、そうじゃないんですよと。もしここからお袋が私たちと一緒にあの家に帰ってくれるなら、連れて帰ろうじゃないですか。

塩をまいて死者を毛嫌いするような行為はやめましょう。今は死んだ人への差別は一番愚かな行為だと思います。私たち葬儀屋としての責任で、そういうことはやめた方がいいですよと自信をもって言う。それもこれから先の私たちの仕事ではないかと思っています。

……人権を考えるのは想像力だと思うんです。人の立場になって考えてみる。そうしたら、それが嬉しいことか嫌なことなのか、すぐにわかると思うんです。この場合は人の立場ではなくて、自分が死んだ身になって考えてみてください。塩、まかれたくないですよね。

ドンチャン騒ぎのお葬式

中西　ある芸人さんが亡くなって、この間、偲ぶ会があったんです。出てみると、偲ぶ会という感じではなくて、まるで芸能パレード。この人はこんなに素晴らしい芸人だったのだと改めて感じました。
　そして、しばらく席に座っているうちに、それなら俺はどういう役者になろうか、と考えていたんです。人の死とは「おまえはどう生きるのか」ということを突き付けてくるような気がします。他人の死と対面したり、または自分の死を想像したりすることで、自分と向き合うことになります。
岡本　自分の死ということを考えると、どこかで皆さんとの別れのひと時を設けなければいけないわけです。
　よく嫁さんに言うんですけど、「私の棺はこの家の床の間の座敷に置いてくれ。そして花は一輪だけでいいから飾って、身内だけで葬儀をしてくれ」と。その後は、どこかの葬斎場でもいいし、結婚式場でもいいから、みんなに来てもらって、歌いたい人は歌ってもらう、踊りたい人は踊って、泣く人は泣いていい、と。「ばってん、俺の死で泣く人はおらんやろうね」と笑うけど、とにかくドンチャン騒ぎをしてくれというのが夢なんです。

そうしたらね、人間とはおかしなもので、飲んで酔っ払うと本音が出るんです。葬式には飲む機会はないですから、本音は出ません。みんな義理で来て、義理で挨拶をして帰る。それがそういったふうに、みんなで飲んで騒ぐシーンを作れば、中には本当に私の死を悲しんで泣く人もいれば、「あの人からはいじめられたわ」と言う人もいるだろうし、いろんな私に対するものがそこで出てくるんじゃないかと思うわけです。

葬式というのは、基本的には悲劇ではなくて喜劇です。その喜劇を、自分の死のときには全面に出してしたいなという願望があります。メソメソしても俺は帰ってこないんだぞと。それなら俺の思い出にひたって、本音で葬儀をしてくださいよと。そういうものができれば、これほどいいものはないなと思っています。

……岡本さんのドンチャン騒ぎのお葬式、面白そうです。この番組を聴いていらっしゃる皆さんも一〇〇%必ず死にます。自分のお葬式のこと、ちょっと考えてみませんか。

〔二〇〇一年五月十四日〜十八日〕

Ⅲ　表現し伝えること

山本作兵衛と上野英信

上野　朱《あかし》さん

一九五六年福岡市に生まれる。一九六四年、小学二年生の時、福岡県鞍手郡鞍手町に移る。現在、宗像市で古書店アクスを経営する。

……………二〇一一（平成二十三）年五月、炭坑絵師・山本作兵衛さんの作品群がユネスコの世界記憶遺産に登録されました。その作兵衛さんと深い親交があったのが、記録作家の上野英信《えいしん》さんでした。今週はその息子さんの朱さん。近年は『蕨《わらび》の家』（海鳥社）『父を焼く』（岩波書店）など珠玉の作品を発表され、エッセイストとしてもご活躍です。

作兵衛さんとの出会い

中西　お父さんの上野英信（一九二三～八七年））さんと山本作兵衛（一八九二～一九八四年）さんの交流はいつごろから始まったんですか。

上野　父が最初に作兵衛さんの絵のことを知ったのは一九六二（昭和三十七）年か一九六三年だと思います。その後、一九六四年にここに来ましたから、作兵衛さんご本人にお会いしたのは六四年が最初だろうと思っています。
中西　お父さんが『追われゆく坑夫たち』(岩波書店)を出されます。それはいつでしたか。
上野　一九六〇年です。
中西　その後『地の底の笑い話』(岩波書店)があって、その中に作兵衛さんの絵がいっぱいちりばめられていますよね。
上野　あれが一九六七年ですかね。
中西　お父さんは作兵衛さんを師匠のように思っていらしたようですねぇ。
上野　上野英信が一番尊敬した方ではないかと思います。例えば、宮沢賢治であるとか、魯迅であるとか、こういう人たちの作品を大変愛読して尊敬もしていたんですけれど、そういう方々はすでに歴史上の人物でしょう。だけど作兵衛さんは同じ時代を生きていて、これだけの記録画を残してこられた。そういうことで、記録者として、労働者として、酒飲みとして、一番尊敬した方ではないかなと思います。
中西　お父さんは文字で炭鉱を記録なさった。
上野　そうです。作兵衛さんはそれを千枚とも二千枚ともいわれるような絵で描かれたわけです。それも絵の勉強を正式になさったことは一度もなくて、すべて自分の力で、それも炭鉱を辞めて六十歳を過ぎてからですから、上野英信にとって作兵衛さんの絵に出会ったことはショックなことだったのではないかと思います。

なぜかというと、上野英信は一応大学の門をくぐり、そこで色々と学び、その後大学を中退して炭鉱に飛び込んだ。その中で今度は労働運動や文学運動をやってきました。それで労働者の解放を念頭に掲げて、なんとかやってきた。だけど、大学どころか尋常小学校をかろうじて出ただけの山本作兵衛さんが、これだけの記録を一人で残されていた。それに出会ったときに、自分が今までやってきたのは、いったい何だったのだという、打ちのめされるような思いがしたんじゃないかなと思います。

上野英信が打ちのめされたのは、作兵衛さんただ一人だと思います。だからこれは、亡くなるまで作兵衛さんには頭が上がらなかった。

……今日は鞍手町の上野さんのお宅に伺っています。もともとここは筑豊文庫という上野英信さんの文学活動の拠点があったところです。一九八五年、作兵衛さんの一周忌を兼ねたお祭りを、飯塚の嘉穂劇場でやろうということになりました。そのお手伝いのために、僕はここで二カ月ほど寝泊りさせていただきました。

筑豊文庫

中西　上野先生はここでご自宅を「筑豊文庫」と名付けて活動の拠点とし、たくさんの方々が出入りしました。一九六四年に引っ越してこられましたが、ここが取り壊されたのは……。

上野　一九九六年ですね。
中西　今ここに分厚いテーブルがあって、一間四方ぐらいのものなんですが、これを囲んでいろんな人たちがここで話をしたり酒を飲んだりした。文化センターであり、お寺みたいな。
上野　駆け込み寺であり、いろんな重荷を背負った方がやって来て、ここで荷物をぶちまけていきました。
中西　そうね。そのとき上野先生もお話し相手をなさっていたけど、お母さんの晴子さんも大変でしたよね。

上野朱さん。自宅にて「筑豊文庫」で使われていたテーブルを囲んで

上野　本当に、お客さんのない日というのがほとんどないような、そんな状態でした。
中西　家族団欒《だんらん》というのはあったんですか。
上野　ないです。だいたい団欒を求めるような人ではありませんから、上野英信という人は。団欒よりも混沌の方が好きでしたから（笑）。
中西　僕がここでお世話になったのは、一九八五年の秋、嘉穂劇場での「山本作兵衛祭」のときで、上野先生から「来い」と呼ばれて、ここで二カ月ぐらい生活させてもらったんです。

上野　作兵衛祭は作兵衛さんが亡くなられて一周忌の祭ですが、プランや司会進行を誰にやっていただくかということで、上野英信が選んだのが中西和久さんだったということです。

中西　あのとき、筑豊の人たちにどれだけ上野英信という人が愛されていて、山本作兵衛という人が愛されていて、ということを肌身に感じました。

上野　いろんな歴史とか事情を抱えた人がたくさん集まってきているのが、この筑豊の炭鉱地帯です。その人たちが自分たちの悩みや苦しみを表現できるかというと、なかなかできないし、できない事情というものもある。口にしたら大変なことになってしまうようなこともたくさんあるわけです。ですから、せめてその人たちの代わりに自分が残していこうというのが、上野英信がずっと貫いてきたことだろうと思います。

……お聞きのように筑豊文庫はあまりに人の出入りが多く、さすがの上野先生も「ここは国民宿舎にあらず」と看板を出そうとなさったんです。ところが、なにしろ中国文学に造詣が深い先生でしたから、そこには「非国民宿舎」と書いてあって、近所からは「やっぱりあそこは非国民やったばいな」と噂がたったとか。

国宝でなく「民宝」

中西　この筑豊文庫には山本作兵衛さんのお部屋が残されていたこともあったそうですけど。

上野　山本作兵衛さんは絵を一枚も売られたことがないんです。たくさん描かれたけれど、売ったことは一度もない。作兵衛家を訪ねていく人たちに、これを持って行きなさいということで、どんどんあげていらっしゃったようです。そういうふうにして上野英信がいただいたものもあれば、筑豊文庫でいろんな人に見せてくれとお預かりしたものもあります。ここをお訪ねになる人たちに見せていました。

中西　ここはひょっとして美術館とも呼べるんですよね。

上野　上野英信は炭鉱に関わるすべてのもの、絵であったり道具であったり、そういうものをすべてここに集めたいという希望がありました。

ただ、そういうことは個人の力では限界があります。ですから作兵衛美術館という構想も上野英信は持っていたんですけれど、結局それも叶わないまま亡くなってしまいました。

なぜ上野英信が自分で作兵衛美術館を作ると言い出したかというと、当時作兵衛さんの絵に対する評価や認識があまりにもされていなかったからです。それで「俺がやる」ということになっていくわけです。

中西　作兵衛さんの絵が世界記憶遺産になって、国宝以上のものになった感じがします。

上野　国宝扱いには私は大反対なんです。作兵衛さんが絵を捧げた相手が一八〇度違うからです。つまり、権力者とか支配者のために描かれた絵じゃないわけです。子や孫に、炭鉱を知らないみんなに知ってもらいたいということで描かれた絵ですから、私はこれを「民宝《みんぽう》」と呼びたい。

中西　国宝ではなくて。

上野　国宝の反対語で民宝。私たちのために作兵衛さんが残してくださった絵だろうと思います。民宝には民宝の扱い方があるだろうと。どうしても酸性紙に描かれた絵ですから、保存が難しいということはあります。でも絵が傷まないようにどうやって見せていくか、そこが美術館や博物館の腕の見せどころだろうと思います。

……作兵衛さんの絵はこの国のエネルギーを地の底で支えてきた庶民の貴重な記録としての側面もありますが、絵画として高く評価したのが福岡市在住の画家・菊畑茂久馬さんでした。絵描きに限らず、何かを表現しようとする人にとって、作兵衛さんの絵には想像を掻き立てる何かがあります。

人を描いた作兵衛さん

中西　朱さんは作兵衛さんの絵を子どものころから知っていらしたんですね。それが去年、世界記憶遺産になった。そのことについてどう思っていらっしゃいますか。

上野　これでどんどん蔵の奥深くに入っていかなければいいなということを、一番最初に心配しました。作兵衛さんは絵を見てほしいということで、一所懸命に描き、いろんな方に差し上げてこられたわけです。

例えば世界記憶遺産の例として、ベートーベンの自筆の楽譜や、アンネの日記などがよくあげられます。自筆の楽譜は楽譜として印刷された時点でもう役目は終わっているんです。原稿なのだから。アンネの日記も、日記ですから、人に見せるために書かれたわけではない。

しかしながら、作兵衛さんの絵は、山本作兵衛さんという方が、見てほしいと思って描かれた。ですから見られないと完結しないんです。だから蔵の中にしまい込んでしまったら、作兵衛さんとしては非常に不本意ではないかと思っています。

その絵から何を読み取るか、炭鉱の歴史として見る人もあれば、庶民の生活として見る人もある。美術として見られる方もある。いろんな見方があっていいと思うんですけど、まずそのためには見なければいけない。あの原画に触れないといけない。そう思います。

だって作兵衛さんが何のために描かれたかということを考えれば、それが最初の第一歩だろうと私は思っています。

中西　ひとつだけ聞いてみたかったのですが、作兵衛さんの絵に風景画はありますか。

上野　どの絵を見ても人が入っています。必ず人が入っています。ボタ山とトロッコだけの絵が一点だけありますけれども、それ以外はほとんど人が入っている。

作兵衛さんは人が好きで好きで、人の営みというのが一番の作兵衛さんの興味の対象であった。それを残したいと。

……作兵衛さんの絵には必ず人物が描かれています。これは舞台と一緒ですね。役者とお客さんの間に感動は生まれてきます。つまり舞台はお客さんと一緒になって作るものです。作兵衛さんの絵の中の登場人物たちもきっと、あなたが見に来てくれるのを待っていることでしょう。

絵を手掛かりに語り継ぐ

中西　昨年、山本作兵衛さんの炭坑画が世界記憶遺産になったんですが、作兵衛さんの思いを大切にするためにはどうしたらいいと思いますか。

上野　正直に言うと、私自身は活きている炭鉱を知らないんです。

中西　一九六四年にここに引っ越していらっしゃった。そのときはもう筑豊の炭鉱というのはほとんど閉山していましたね。

上野　いくらか活きている炭鉱がありましたけど、この周囲は完全に全部閉山していましたので知らないのです。ましてや作兵衛さんが描かれたような明治時代や大正時代の炭鉱の様子は全然想像がつかないわけです。

　でも、この筑豊の地に炭鉱があって、そこでいろんな偏見を持たれる中で、みんなが一所懸命に暮らして、働いて、そして子どもや孫を育んできた。それはやはり作兵衛さんの絵を手掛かりにして、なんとか語り継いでいかなければいけないなと思います。

作兵衛さんの絵について、よく巷《ちまた》で「絵の余白」に文章を書き込んでいると言われます。でも、あれは決して余白ではないんです。最初からそこに文字を書くつもりで構成していらっしゃると思うんです。ちょっと聞いたふうなことを言えば、絵の部分は作兵衛さんの記憶であって、文字は記録なんです。あの一枚の絵の中で記録と記憶が融合していると思うんです。なぜ山本作兵衛さんがこれだけの努力をして絵を残されたか。そこも含めて、僕らは考えていかないといけないだろうと思います。

どうやって我々の日々必要なエネルギーが、食料もですが、それらがどうやって生産されてきたか、少しでも振り返るということが、これからの原発などを含むエネルギーのことや食料問題を考える、そのきっかけになるのではないか。ですから、できるだけ多くの人たちに作兵衛さんの絵は見ていただきたい。そこから何かを感じてもらえたらいいなと思います。

……上野英信さんの『地の底の笑い話』の中に、スカブラとあだ名される坑夫が登場します。「ちょっと話ば聞かしゅうか」とカンテラの灯りの中で面白い話を聞かせるだけで働きもしない。スカッとしてぶらっとしているという人気者です。ひょっとして作兵衛さんは現代のスカブラかもしれません。

〔二〇一二年七月九日〜十三日〕

白蓮の歌と時代

井上洋子さん

一九四七年、福岡県若松市（現・北九州市）に生まれる。九州大学文学部卒業後、梅光女学院大学大学院博士課程修了。福岡国際大学教授を経て、二〇一三年、福岡県人権啓発情報センター館長。日本近代文学会会員。国文学研究資料館特別文献調査委員。編著書に『五足の靴百年―南蛮文学の誕生とその広がり』、『西日本人物誌　柳原白蓮』など。

……作家であり日本近代文化の研究者でもある井上洋子さんは、福岡県人権啓発情報センターの館長でもいらっしゃいます。昨年（二〇一四年）朝ドラで話題となった歌人柳原白《びゃく》蓮《れん》の生涯を描いた著書『西日本人物誌20　柳原白蓮』（西日本新聞社）は、地元福岡のみならず全国的な反響を巻き起こしました。

伝右衛門の描かれ方

中西　井上さんのお仕事は何ですか。何屋さんなんですか。

井上　うふふふ……。いきなりそこからですか。現在は福岡県人権啓発情報センターで館長をやっております。その前は大学で文学を教えておりました。

文学と人権問題は少し遠いような気がするんですけれど、人間が生きていく上での根底のところに愛もあるし労働もあるわけで、広い意味での「人が生きていく」ということで二つが関わると。ここでの館長職を務めております。

中西　柳原白蓮（一八八五～一九六七年）というと、最近とてもヒットした朝ドラもありましたよね。いろんな書物も出ましたけれど、井上洋子著『柳原白蓮』は人気ですね。とてもわかりやすくて。

井上　そうですか。ありがとうございます。

中西　なぜ、これを書かれたんですか。

井上　出版は四年前ですけれど、これを書こうと思った動機的にはもっとさかのぼるわけです。白蓮というと白蓮事件が一番有名ですが、そこでの白蓮というのは、がんじがらめの家を捨て、恋愛を全うした近代女性の先駆者という位置づけがなされるわけです。その反面、その相手である夫の伊藤伝右衛門（一八六一～一九四七年）は非常に分が悪い。彼を表現した新聞では「身分卑しき炭掘り男」という、とても酷い表現をされています。その男が金に物を言わせて女の人権を踏みにじったと、イメージは最悪なんですね。

けれど私は北九州で生まれ育って、石炭や炭鉱を身近に見てきました。そういう人間からすると、そこで生きている人たちは一杯の飯の貸し借りを厭《いと》わないとか、大変明るく闊達な、いわゆる「川筋気質」というものが雰囲気の中にいっぱいあったわけです。

そういう中で生まれ育っていくと、もちろん白蓮の素晴らしさは否定しませんけれど、一方の伊藤伝右衛門の言われ方が大変気になっておりました。もう少し伝右衛門の側に則した白蓮像も書かないといけないのではないかなということが、実は自分の心の奥底にあったと思います。

……大正天皇のいとこであり柳原伯爵家の二女白蓮、かたや下罪人といわれた炭坑夫から一代で財をなした伝右衛門。二人の間に山本作兵衛さんの絵に登場するような「後山先山」の情は……生まれなかったのでしょうねえ。

文字がないところの文化

中西　伊藤伝右衛門さんに柳原白蓮さんが新聞紙上で離縁状を叩きつけますよね。それに対して伝右衛門は一言も反駁《はんばく》しない。

井上　「大阪毎日」に新聞記者が書いたようなものを連載しかけますが、それを途中で遮って、以降これについては一切ものを言ってはいけないと、大変な箝口《かんこう》令を敷くわけです。そして本当に一切言わないということを貫きます。

　それにはやはり、いろいろな政治的背景はあるとは思います。けれど私はそのとき、ふと上野英信さんという、筑豊で坑夫たちの生涯に想いをはせた方の『地の底の笑い話』（岩波新書、一九六七年）の中にある「八木山《やきやま》越え」の一節を思い出したわけです。
中西　それはどういうことですか。
井上　大変な労働をしている坑夫たちが、逃げるときに、混乱に乗じて他所の奥さんと逃げることもあるわけです。それをみんなで必死に追いかけるんですが、一旦八木山を越えると、それ以上はもう問わないという文化があったと。まあ、風習といってよろしいかと思います。「ばってん、どげん反対のあろうて、屁の河童たい。バーンと八木山を越えりゃあ、それでいっぺんに勝負は決まる。文句はなか」というのが、当時の炭鉱《やま》の気風だったんです。そういうものを、どこか伝右衛門さんも持っていたのだと思います。
それと同じことを、森崎和江さんが『まっくら――女坑夫からの聞書き』（三一書房）で、

井上洋子さん

坑夫の聞き書きをしています。これは大正鉱業ですから、伝右衛門の炭鉱に働いていた大正時代のおばあちゃんたち、そこでの命がけの労働を評して森崎さんは「近代社会がいう『愛の自由』とは異なった場所で後山《あとやま》たちは愛を考えました。坑内でも坑外でも男と共に働こうとしました。労働の共有を示すことが愛の深さでした」というふうに、労働者を支えるのは労働の共有なんですね。そういう、文字はないけれど、こういうものがあるところに文化がないとは決して言えない

わけです。やはり伝右衛門につらなる、そういう文化の在り様もあったと思います。

ですから、白蓮の歌の素晴らしさというものは十分評価をして、これも十分には調べられてはおりませんので発掘しないといけませんけれど、文字がない場合の者たちの精神的な文化も、百年後の私たちは両方見ていくという立場を持たないといけないと思っております。


……文字をもたなかった人達は昔から自分たちの思いを唄や芸能として伝えました。地底のブルースと言われる炭坑節にはこんな一番もあります。

「伯爵夫人となるよりも　四畳一間の納屋暮らし　主の手枕　ほんのりと　私ゃ　抱かれて暮らしたい　サノヨイヨイ」

白蓮事件

中西　白蓮さんが伝右衛門を切って駆け落ちをします。
井上　まず、その前の段階として、白蓮は世間的には大正三美人の一人ではあるけれども、素晴らしい歌の詠み手でもあったわけです。ただ、白蓮の歌は有名なわりにはちっとも調べられていない。
中西　この方の本名は柳原燁子《あきこ》さんですね。
井上　はい。白蓮という名は、実は伝右衛門との結婚を契機としてつけたものです。それまでは「心の花」にずっと歌を出しているのですが、本名で出しているんです。結婚と同時に「白蓮」という、とても不思議なペンネームなんですよ。苗字も何もない。それは当時の中ではユニークなペンネームで、最初は誰のことかわからなかったみたいです。

だから、「わからない」という匿名性に守られるように白蓮は自由な歌を詠むことができた。自分の心の丈《たけ》を書くことができた。そういう意味では、その当時の女の物書きというのが、ペンネームに守られながら本音を書く。本音を書くことで自分を育てていく。そういうことを白蓮もやったと思います。

そういう歌に惹かれて、彼女の文学の共鳴者として、編集者であった宮崎龍介（一八九二〜一九七一年）が大正九年に別府の別荘に白蓮を訪ねて来ます。当時の龍介は東京大学法学部の卒業生で、「新人会」という労働運動をやる若者たちのリーダー的な存在でした。ですから炭鉱資本家の妻のもとに、当時の先端的な知識人であり労働運動の指導者である青年がやって来る。これはもう白蓮にとって大変新鮮な青年でした。

中西　伝右衛門とは対照的な人ですよね。

井上　まったく対照的ですね。宮崎龍介のお父さんは宮崎滔天《とうてん》（一八七一〜一九二二年）という有名な中国革命の支援者です。

中西　荒尾市の出身で孫文を匿って支援した人ですね。

井上　白蓮はその人たちと深く関わっていくという、大変劇的な出会い方を二人はすることになります。

中西　ちょうどそのころ水平社も結成されるんですね。

井上　そうですね。白蓮事件は一九二一（大正十）年、水平社宣言が一九二二年ですよね。ロシア革命が海外で起こっており、社会の矛盾に目覚めた若者たちが自分たちの主張を熱く述べていく。そういう時代の中で、白蓮事件も同時代のものとしてあったと考えることができます。

……一九一一（明治四十四）年に平塚らいてふによる「青鞜」が刊行されたり、女性の自立を謳うイプセンの戯曲「人形の家」が初演されたり、一九二一年には富山の漁村の女将さんたちが主力になった米騒動が全国に波及するなど、大正デモクラシーの足音はすぐそこに迫っていました。一九一一年初演、松井須磨子主演で女性の自立を謳ったイプセンの戯曲「人形の家」は一九一五年には九州劇場でも上演されました。白蓮さん、もう自分を裏切り続けることはできなかったんでしょう。

白蓮の歌

中西　伝右衛門と別れ、宮崎さんと一緒になって、生活が一八〇度変わります。

井上　関東大震災を経て、大変な苦難の末に龍介と白蓮は結婚をして一つ家に住むわけです。その家というのは、東京にある宮崎滔天の家なんです。この滔天の家というのが、孫文の盟友であった辛亥革命の志士、黄興《おうこう》がプレゼントした、いわば日中友好の家の女主として白蓮は入ります。そこで白蓮は何をやったか。莫大な借金のある家で、無産階級の若者がたくさん訪ねてくる。白蓮の名前を慕って吉原などから足ぬけした遊女たちが逃げてくる。多いときは二十人くらい食客がいたといわれています。それを白蓮が筆一本で食べさせていく時代に入っていくわけです。

若者たちは、なんと白蓮を「母ちゃん」と呼んでおりまして、そういう記録も残っております。大変頼りにされる存在に変わったということです。

やっぱり白蓮はそれだけの潜在的な力があって、求められ、そういう境遇にいれば自分が持っていた力を十分に発揮できる。そういうふうに人間というものは作られているのかなと、つくづく逞しいなと思っております。

実際に、白蓮は龍介との間に子どもがいるわけですが、二人の男の子、女の子の母になる。労働者たちの母ちゃんであるけれど、愛情深いお母さまになって、歌も非常に変わるわけです。ところが、幸せな時代が終わる。つまりは戦争になります。日中戦争からアメリカとの全面戦争へという中で、白蓮はまた違う苦難の道を歩きます。龍介との間に命がけで産んだ長男の香織さんが学徒出陣しているんですけれども、終戦を控えた数日前に、鹿児島の鹿屋で米軍機の爆撃にあって命を落とす。その知らせを聞いて一夜にして髪の毛が真っ白になったといわれています。

彼女の歌は、なんと言ってもすごいのが、子どもを亡くした悲しみを謳う最後の歌集『地平線』という歌。この中には惻々《そくそく》たる、涙なしには読めない、子どもを失った母の悲しみが詠まれている。これは大変素晴らしい歌集と言えます。

英霊の生きてかへるがありといふ子の骨壺よ振れば音する
もしやまだ帰る吾子かと脱ぎすてのほころびなほす心うつろに
夜をこめて板戸たたくは風ばかりおどろかしてよ吾子のかへると　歌集『地平線』より

……伝右衛門さんと別れた白蓮さんも、やがて自らの生活を切り開いていくことになりました。しかし、この離縁に際して伝右衛門さんから贈与された衣類、宝石などの調度品の額は五万円、現在の貨幣価値では約一億五千万円にのぼると言われています。やっぱ、庶民感覚とちがいますね。

時代の申し子

中西　戦後になると、柳原白蓮さんはどういう活動をされましたか？

井上　最愛の息子を失い、彼女はその苦しみを切々とラジオで語り始めます。そうすると、子を失った母親たちが大変な共鳴をして「悲母の会」という会ができるんです。

平和を訴えるために、白蓮は文字通り日本中を講演して廻ります。その講演が、今度はシュバイツアーや湯川秀樹といった人たちが世界規模で始めた平和運動、広島・長崎の原爆に危機感を抱いた平和運動ですけれど、世界連邦運動という運動があります。その中の婦人部として活動が組み込まれていき、「国際悲母の会」に発展していきます。そして、ガダルカナルで子どもを失ったアメリカの母親と連携していきます。

北海道から九州まで、至る所に白蓮は強行軍で講演しております。彼女は後に失明しますが、それも講演の過労のためではないかといわれています。

白蓮は伝右衛門と別れた後、やはり福岡に来ることにはとても気後れしています。ですが、この平和運動の一環として、一九五三（昭和二十八）年十月に福岡を初めて訪れております。このとき講演会場となったのが博多の松源寺ですが、それを伝えた「夕刊フクニチ」の記事がございます。それによりますと、本堂に千名からの聴衆が押しかけて熱心に耳を傾けたと。

白蓮というのは、ある方が「時代の申し子のような人」と言ったわけですが、近代を駆け抜けるような形で生きた、大変魅力的な女性だなと思います。

白蓮の最後の歌をご紹介させていただいてよろしいでしょうか。


そこひなき闇にかがやく星のごとわれの命をわがうちに見つ

これが高齢の白蓮最後の歌です。まさに自分の生き方に強い自負の念を持って幕を閉じた女性の一生ではないかなと思います。

……この辞世の句を聞いて思いましたのは、伝右衛門さんにとって白蓮さんはまさしく「闇に輝く星」だったのではないかという、僕の勝手な思い込みです。飯塚市に残る、白蓮さんのための贅を尽くした豪邸は「どう付き合えばよいのかわからない」というヤマの男の精一杯の愛情表現だったのではないか、そんな気がしてしょうがないのです。

少年Hが伝えたいこと

妹尾河童《せのおかっぱ》さん

一九三〇年、兵庫県神戸市に生まれる。グラフィックデザイナー・舞台美術家・エッセイスト・小説家。『少年H』は一九九七年、毎日出版文化賞・特別賞を受賞。「H」は子供のころのあだ名、母親がセーターに大きく名前（肇）のイニシャル「H」を編みこみ、同級生から「H」と呼ばれた。エッセイに『河童が覗いた』シリーズがある。

……小説『少年H』（講談社）の作者、妹尾河童さんの職業っていったい何なんだろう、とお思いの方もいらっしゃるかもしれませんね。舞台美術家です。僕がお芝居の世界で研究生のころからお世話になっている演劇界の大先輩です。

一月十七日に込めた思い

中西　いつも「河童さん」と呼んでいますから、ここでも「河童さん」でいいですか？

河童　その方がお互いに話し易いから、そうしてください。

中西　『少年H』は社会現象のようになり、昨年（二〇一三年）は映画化もされました。昭和初期の神戸を舞台にして書かれた、河童さんの自伝的小説ですが、一九九七年の一月十七日に出されたんですね。

河童　そうです。

中西　何か意図があったんですか？

河童　阪神大震災が起きたのが、一九九五年一月十七日なんです。だから、みんな滅入っていないで、もっと頑張れ、と。太平洋戦争ではあのとき以上に神戸は焼けて無くなったんだからという思いを込めて、九七年に出したんです。そして一月十七日に発行してくれと出版社に頼んだんです。あの本は秋にはできていたんです。だけど売らないでくれと。

できた本はマスコミや批評家のところに、編集者が直接持って行ってくれました。そのお蔭で、年末から年始にかけての休みがあるから、そこでみんな書けるじゃないですか。それで、一月十七日に売り出す時には、批評が全部いっぺんに出たんです。

中西　そもそも、なぜ今の時代に『少年H』という本を書かれたのでしょうか。

河童　あのね、七十年前のことをみんなが覚えていないのは当たり前ですよね。五十歳の人は生まれていないわけですから。〝あの時代〟を経験した高齢者は、どんどんなくなっている。だから今、僕の記憶のある間にちゃんと書いておかないといけないと思ったんです。

ところが、伝えるというのは難しいんだよね。老人の思い出話を子どもたちが聞いてくれるかといったら、聞かないでしょう、年寄りの思い出話なんか。語り部が一所懸命語っていても、相手が受け取ってくれていると思ったら大間違い。「伝えたつもり」というのと、「確かに受け取った」ということの差は大きい。だから、受け取ってくれるやり方を考えないといけないと、工夫をしました。

まず、子どもに読んでもらいたいと思った。大人が読んで聞かせるのではなく、子ども自身に読んでもらう。ということは、子どもが読めるような表現をしたり、できるだけムズカシイ表現は避けるように言葉を選んだ。

けれど、子どもが読むからといって何でも平仮名にはしない。漢字、平仮名、漢字、平仮名というのは、日本の文字のいいところだから、できるだけたくさん漢字を使いたい。それで、漢字には全部ルビ（ふり仮名）をふった。どのページを開いても、「前にも言ったから読めますよね」というのではなくて全ページにルビをふりました。伝えるためにはどういう工夫をするかということは、すごく大事だと思う。

中西　これは三百万部……もっと売れているんですかね。

河童　数字を言うのは恥ずかしいけど、三五〇万部は超えていますね。

中西　そうですか。それからテレビドラマにもなって舞台にもなって、そして映画にも。

河童　映画は、ついこの間、テレビ放送されましたね。テレビだから、みんな見やすかったと思うんです。

……河童さんは常にお客様を意識していらっしゃいます。さすがに演劇人ですね。

あの時代を伝えたい

中西　『少年H』は、とにかく子どもに読んでもらおうと、いろんな工夫をされたわけですね。
河童　そう。まず子どもに「読んでほしい」ということを重視しました。おじいさんの思い出話というものでは、子どもはまず読まない。「七十年前の話だけど、そこに座れや」というふうに仕切ると逃げちゃうでしょう、きっと。

だから、あの時代に生きた、あの戦争を見ていた、あの時代を体験した子どもの目の高さで、ね。少年の目で書こうと思ったんです。そうすると、読む子どもたちは、同じくらいの年の子の話しだと思って読んでくれる。だからそれが一番大事なことで、気をつけた一つ目。

二つ目は、あの時代を書かなければいけないと思った。時代を書くときに、何年何月に何が起こったという資料のようなものを羅列すると、読みたくないじゃないですか。だから、その時代を表現するのは、町の人の様子、何を食べていたか、どんなことを話していたか、友達とどんな遊びをしていたか、そういうことを書けば、「今の時代とは違うな」と思って時代を感じてくれる。

三つ目は、登場する人はできるだけ本名で書きたいと思った。本名だと、自由に書けないという拘束感はあるけれど、登場する一人一人にファックスか速達で送って確かめた。それで「事実は小説より奇なり」という言葉があるように、そうすることであの時代が立体的になっ

2006年京楽座公演「中西和久のエノケン」。
舞台美術の妹尾河童さん（右）と

た。だから、登場人物が後で「こんなことは言わないよ」と言ったりしないように、本当のことが書けた。その作業はしんどかったけれど、それが良かったと思う。

四つ目は、読者に生理的な負担をかけないようにした。文庫にしても二冊ですからね。「こんな長い本を読ませるの?」と思われたくないから、上巻二十五章、下巻二十五章に分けたんです。だいたい一章を十五分で読み切れるようにしました。二章読んだら三十分。読むのは苦痛だなと思わせないようにね。

五つ目は、子どもが小学二年生修了までにどれくらいの漢字を覚えているかを調べた。一四〇字だったんですよ。ところが「白＝しろ」とは二年生でも読めるんですけど、「白＝ハク」と読めるのは四年生だった。だから試験の答案用紙が「白紙」というのは、そのまま書いたら「しろがみ」と読むかもしれないから、「はくし」とルビをふりました。情景描写も、あまり抽象的な形容詞を使うと、子どもには分からない。「真っ赤な太陽が海を赤く染めていた」と言えば伝わるでしょう。だから、できるだけそういうふうにした。

伝えたいということは、伝わる言葉を選ばなければいけないと思って、その五つを守った。

……この『少年H』の本の中のイラストも素敵です。昔のことをよく憶えていましたね
と言いましたら、「あの〝戦争〟」の時代を思い出したくなくて、密封して冷凍していたんです。それを書かなくてはならなくなって、頭の中に大切にしまっておいたものを、溶かすように解凍したんだよ」。

結婚記念日は更新日

中西　二月六日が結婚記念日だそうですね。この日に、一年ごとの結婚更新のお話を奥様とされていらっしゃるとか。

河童　結婚というものは、二人が一緒にいようと思うときには結婚は成立しているんですけど、片一方が「もうやめた。勘弁してほしい」という気持ちを持ったときに、その二人の間の結婚は壊れているんですよね。仮面夫婦って、結構いるでしょう。別れた状態とか、別居しているのに夫婦だといっている。僕はそういうのは嫌なんです。

　本当に、あなたと結婚生活を続けたいという気持ちがあるなら、「黙っていても夫婦だから分かるだろう」ではダメ。お互いに確かめないといけないと思う。だから僕は、毎年、二月六日には、家にいれば晩ご飯のときに言うこともあるし、仕事で出ているときは家に電話をかけ

て「今年ももう一年、ヨロシクお願いします」と、言う訳です。
ドキドキしながら言うときもありました。以前、好きな女性ができて、その家に泊まって時々しか帰ってこない、という危ない状態のときがあったんです。さすがに今年はダメだなと思ったんだけど、ちゃんと「もう一年、一緒に……」言いました。そうしたらカミさんが、「私もよろしくお願いします」って言ってくれたので。ホッとしました。
そのときに、なんで更新してくれたのか、恐ろしくて聞けなかった（笑）。しばらくしてから聞きましたらカミさんがこう言ったんですね。「あなたに、好きな人がいてもいなくても、私への関心や愛情が失われているなと思ったら、『ごめんなさい、これでお終いにしたい』と言いますよ。そうじゃなかったから『いいですよ』と言ったんですよ」って。
今は五十三回、更新しています。
中西　おめでとうございます（笑）。
河童　来年は分かりませんが、（笑）。だから、イージーに生きられませんね。
中西　結婚当初からそれを？
河童　五年目くらいからですね。結婚したら一生別れないとか何とか、みんなズルズルとやっている人もいるけど、そういうことでなくて、「ちゃんと確認したいね」と五年目に言った。その五回を加算して今は五十三回ということなんですよ。毎回ドキドキしながら（笑）。
中西　楽しいですね。

河童　僕、今はいい子ですよ（笑）。
中西　そうですか？（笑）。
河童　ええ、とてもいい子です（笑）。でもね、彼女にちゃんと真剣に向きあって生きています。でも、かといって真面目な顔で向きあっている訳じゃないですよ。友人たちが二人の会話を聞いていると「万才みたいだ」と、笑っています。
中西　立派。
河童　立派って、どっちが立派？
中西　奥さんが立派（笑）。
河童　たいていの人が、そういう（笑）。でも僕も僕なりに努力しているんだがなア。やっぱり二人が協力して、二人でお互いに確認して努力しないと成立しないものなんですよ。カミさんだけが立派でも……。男はズルけがちだから……。
中西　じゃあ、河童さんも褒めてほしいですか。
河童　褒めたくない人から褒められてもなあ（笑）。
中西　うはははは。

……妹尾河童さん、八十四歳。立派！

インドのお札

中西　河童さんが書かれた本で『河童が覗いたヨーロッパ』『河童が覗いたニッポン』『河童が覗いたインド』（いずれも新潮社）とありますけど、インドの本の中で、最初にページを開いたらお札が書いてありました。

河童　インドのお札ね。持ってきました。

中西　これが実物ですか。

河童　実物です。裏を見ると、小さいからよく見えないけど、十四の言葉で書いてあるんです。グジャラート、アッサム、カシミール、マラーティー……いろんな言葉。しかも文字の形も違うでしょう。最後にヒンディー語で書いてあります。このヒンディー語はインドの三分の一の人たちがしゃべれるわけです。

　インドという国がイギリスから独立して、インドのお札を作ろうとなったときに、政府が一九六一年に国勢調査をやったんです。そのときに細分化したら、使用原語が一六五二語集まった。これはえらいこっちゃ、となった。それで、だいたい各州で使われている言葉を大きく分けて、絞って、やっと十四語にしたんです。

　はじめはヒンディー語にしようと思ったらしい。そうしたらどの州からも、なぜ我々の言葉を抹殺するんだ、文化を抹殺するなんてとんでもないと反対した。それでやっと十四に絞った。

それがこのお札に書かれているんです。

これは世界でも珍しい。だから、州が違う、言語が違う、宗教が違う、そういう人たちが、一緒になって暮らしている国なんですよね。

みなさん、インドの人はガンガー（ガンジス川）で沐浴すると思っているけれど、あれをやっているのはヒンドゥー教徒だけですよ。その割合が八二%ぐらいです。イスラム、キリスト教徒、シーク教徒、仏教徒、ジャイナ教徒は、全然沐浴しないんです。なんとなく「インド＝沐浴」と思うんだけど、そうじゃない。

じゃあ、なぜ一つの国になっているのか。それぞれの言葉も、考え方も違うし、住んでいる環境も違う。「私はこう思う」と、一方的に押しつけたら、インドという国は成立しない。お互いに、違いを認め合っていることでこの一枚のお札のように、インドがある訳。

排除しあったら絶対に暴力になるけど、お互いに認め合う。同化するのではなく、存在や違いを認め合う。それがインドという国を作っているということなんです。それが面白くて、最初のページに、お札の話を書いたんです。

中西　ああ、なるほど。そうだったんだ。ありがとうございます。

……『河童が覗いたインド』の最終章では、この国に生きる人々のありようが、「侵さず、侵されず」という言葉で描かれていて、とっても印象的でした。

戦争はドカンとは始まらない

考えですか。
中西　『少年H』を書かれた動機と重なると思うんですけれど、今の世情を河童さんはどうお
河童　似ているんですよ、今。
中西　『少年H』の時代と。
河童　すごく似ていると思うんです。

あの時代は、政府や軍部が言うときに、一切反対ができなかったんです。「危ない」と思っている人もたくさんいたんでしょうけど、言えなかった。言ったら、すぐに特高警察や憲兵が飛んで来て、逮捕される。だから言えなかったんだけど、今は言えるわけですよね。「九条は変えなければいけない」とも言えるし、「九条は絶対に守らなくてはいけない」ということも言える。

ひょっとしたら、友好国が戦闘に巻き込まれたときに、こちら側がその近くにいたら行くことになる。それはやはりしょうがないでしょう、と。向こうが攻撃してきたら、こっちも反撃しなくてはということも起りうる。「それでいいじゃないか」「それが危ないんだ」両方の説もある。その間の中間の人もいる。

でも戦争が現実感を持って考えているか？　というと、それほど切迫感がないでしょう。だ

けど実は、戦争は「ドカン」という爆発音から始まらないんです。盧溝橋のときは一発の銃声で始まりましたけどね。とにかく、パラパラと小石が落ちてくるかすかな音がするとか、ちょっと地面が揺れたなという感じ。実はそれが戦争の始まる前兆だったのだなということを、後で知るんです。今はその時期と、よく似ていると思うんです。

だからね、今、二つの分かれ道に立っている。どっちを選ぶのか、よく考えなければいけない。〝まさか戦争には……〟。と、選んだ道が、しばらく歩いていくと、それが戦争とつながっていたことに、気がついて愕然としたときは、もう引き返せない。

インタビューで「戦争をどう思うか？」と聞くと「絶対よくない」とみんな言いますよね。「核兵器はどうだ？」と聞いたら、「絶対にダメ」と言います。だけど、そういうことになっていく道というのが、今二股になっている所に立っている状態の非常に微妙なときなんです。それをみんな、よく考えてほしいんです。

後で「あれが戦争につうじる道だったのかと気づいたときには、巨大な岩が自分の上に落っこちてくる状態です。そうなると、もう止められないですよ。

中西　よく、若い人が「なぜあの時、戦争に反対しなかったんですか？」と言いますねえ。

河童　あのときは言えなかったんですよ。今なら言えるんです。

中西　この七十年間、日本で戦争による死者が一人も出ていません。

河童　それは「日本は戦争は絶対にやらない」と、宣言していたから、どの国も知っていたからです。
今度は、場合によっては武力行使をしなければならないと思っている、ということ。世界の人はどう思っているか。日本の中だけで「そうだ、そうだ」とか「そっちの方が安全を守るかな」なんて思うのは、とても危険なことだと思うんです。

……二〇〇六年、「中西和久のエノケン」（ジェームス三木＝作・演出）の稽古初日、台本の読み合わせのときでした。昭和二十年の東京大空襲の場面で「爆弾が雨あられのように降ってきて……」という台詞がありました。河童さんは舞台美術担当でしたが、「あれは爆弾ではなく焼夷弾ですよ」と指摘され、爆弾と焼夷弾の違いを僕の台本に描いてくださいました。ジェームス三木先生は「あ、そうでしたねぇ。ありがとうございます」と、早速台本に手を入れられました。この二人のやりとりを見ていて、戦争の記憶をきちんと伝えようとする二人の真摯な姿に、僕は静かに感動していました。
河童さんの絵の入ったその台本は、今では僕の宝物です。

〔二〇一四年八月二十五日〜二十九日〕

詩も人生相談もとことん向き合う

伊藤比呂美《ひろみ》さん

東京都出身。一九七八年『草木の空』でデビュー。『良いおっぱい悪いおっぱい』で、「子育てエッセイ」という分野を開拓する。近年は、現代の説経節『とげ抜き　新巣鴨地蔵縁起』、お経の現代語訳『読み解き般若心経』、人生相談を元にした『女の絶望』『女の一生』、そして『新訳説経節』などを出版。現在、熊本カリフォルニア間を往復する。

……伊藤比呂美さんは一九五五年、東京生まれ。一九八〇年代に育児エッセーで世の母親たちの共感を呼び、今年（二〇一二年）五月、「西日本新聞」連載の「人生相談　比呂美の万事OK」が単行本化されました。

本業は当代を代表する詩人です。近年では『とげ抜き　新巣鴨地蔵縁起』（講談社）で萩原朔太郎賞、紫式部文学賞を受賞されています。熊本とカリフォルニアを往復して活躍中です。

共通の仕事は説経節

中西　初めて僕と会ったときのことを憶えていますか。

伊藤　私が中西さんに会ったとき？　いやあ、憶えてないなあ……。あ！　もしかしたら、

「西日本新聞」の……。
中西　あっ！　そう文化部のデスクで……。
伊藤　ボロボロだったでしょう。
中西　あなたはもうボロボロだった。
伊藤　そうなの。
中西　泣いていたの。
伊藤　なんであそこに行ったのか、忘れた。
中西　財布をなくしたって。
伊藤　ウソ！
中西　本当。
伊藤　あはははは。そんなバカな話で？
中西　それで泣いていたの。ガリガリになっていて。
伊藤　というか、もうね、おかしかったの。
中西　とても人生が辛かった時代ですよね。
伊藤　辛かった、辛かった、もう本当に辛かった。「万事ＯＫ」に相談したいくらい。
中西　ははは……。
伊藤　本当にね、どうしていいかわからなくて、三十五歳くらいだったかな。

中西　そうかな。
伊藤　病院にも通っていたし、入院もしていたし、鬱……。鬱と、何かですね……。
中西　その一番辛いときに僕と出会ったの。
伊藤　あ！　どうもどうも、お世話になりました（笑）。それで、共通の仕事が「説経節」。
中西　そう。僕が説経節をひとり芝居でやっていますよと言ったら、目がらんらんと輝いてきて、「見たい！」って言っていた。
伊藤　説経節というのが、私は知りたくて知りたくて。実際に私がやってきた仕事は、ずっと説経節をかけているんですよ。
　でね、そのときにやっとね、今生きていて説経節に興味のある、同じ空気を吸っている人がここにいるわ！　というので夢中になりましたね。あなたのやっていることも。
中西　それで、ソウル公演にまず追っかけてきた。
伊藤　それから、お師匠さんに紹介してくれたでしょう。
中西　二代目若松若太夫《わかたゆう》（一九一九～九九年）。
伊藤　若松若太夫師匠！　あれも良かったわー。一生忘れない、あの師匠は。
中西　それで知り合ってから、伊藤さんの人生もだいぶ変わって、カリフォルニアと日本とを往復しているんですか。
伊藤　そう。

中西　それは、なぜですか。
伊藤　母が熊本で寝たきりになってしまって、それで父が独居していて、母が三、四年前に死んだの。それから父がこの間死んだの。で、一人娘だから、しょうがないから、身を粉にして、来て、帰って、来て、帰って、って。
中西　おつれあいと子どもたちはアメリカにいらっしゃるの？
伊藤　そう。だから遠距離介護。遠介？（笑）。遠恋っていうじゃん。
中西　でも、もう介護する人はいなくなったじゃないですか。
伊藤　そう。だから今、住所不定で困っているんです。
中西　伸びやかでいいね。

伊藤比呂美さん

伊藤　今回、父が死んでから初めて帰ってきたの。きっと寂しいだろうなと飛行機の中で思っていて。誰もいないでしょう。そうしたらね、前の夫と別れたときほど寂しくなかった。もう、わかっていたからかな。いつか死ぬというのはね。私は今、仏教徒だからさ。色々と勉強して。
　だけど、何と言うんだろう。この自由がね、とりとめもない自由という感じ。いったい私はどこへ行くんだろう、という……。自分自身が風になっちゃった感じで。昔はもっとそうだったけど（笑）。

……説経節というのは、簡単にいうと仏の教えを芸能化したもので、中世の時代から現代に伝わっています。森鷗外の『山椒大夫』は、この説経節の「さんせう太夫」が元です。他に「信太妻《しのだづま》」や「小栗判官《おぐりはんがん》」などの奇想天外な物語がありますが、庶民の夢や願いが織り込められ散りばめられていて、比呂美さんはそれを詩に、僕はひとり芝居にしています。

また詩に戻ったの

中西　伊藤先生の活動は……。

伊藤　「先生」はやめてくださいって（笑）。

中西　じゃあ比呂美ちゃんの活動は今……。

伊藤　いきなり崩れましたね（笑）。その中間はないの？

中西　伊藤比呂美さん。

伊藤　はい。

中西　伊藤比呂美さん（笑）の活動は、今、熊本とカリフォルニアを行ったり来たりしながら書いているわけですか。

伊藤　ついこの間まではね。これからはどうなるかわからない。でも福岡は、私は「万事ＯＫ」をやっているから講演も多いんですよ。
　中西さんと知り合ったころって、私、詩は全然書いていなかったの。
中西　え⁉　そうだっけ。
伊藤　そう。あのころは詩を書いていなくて、昔書いた詩を読んでいたんだけど、今はずっと書いていて、また詩に戻ったの。だからとっても気持ちがいいですよ。
中西　福岡の人たちは「万事ＯＫ」の人が詩人だとは思っていないんじゃないかな（笑）。その切り替えというのはどうやって？
伊藤　同じだもの。
中西　詩を書いているときも、「万事ＯＫ」を執筆しているときも同じ？
伊藤　そう。同じように書くし。もちろん「万事ＯＫ」は詩ではない。詩というのは、やっぱりちょっと文学だから、ちょっと違うやり方をする。でもね、昔から詩と二足の草鞋みたいなものを履いていたんです。詩とエッセーで育児ものを書いていたでしょう。読者層としてはあまり変わらないから。
　つまり、詩の中にもいろんな役目があって、その一つが、「痛いの痛いの飛んでいけ」というおまじないでしょう。言葉の力で痛みを治す、民間療法の呪《まじな》い師みたいなもの。
中西　そうか！

伊藤　そう。だから今やっていることは、あまりかけ離れたことではないの。
中西　比呂美さんの詩を読みながら思ったのは、僕たちはお客さんの前で何かを演じているときは心のストリップなんですよ。だから肉親だとか同級生とかに客席にいられると困るんです。
伊藤　ああ！　見られたくないです！　私もいやですよ。
中西　いやでしょう。詩を読んでいると、これはストリップみたいなの、心の。
伊藤　そうですよ。私小説ってあるじゃない。自分のことを、そのまんま書く。私がやっているのはそれではないんです。一見、自分のことを全くむき出しで書いているようなふりはしているけれど、それを使って違う次元に持っていくということが私のやっていることなんです。だから神話や民話といったものを引っ張ってきて、自分の話を一応土台に持ってきて、それにつなげて出す。
　これをやると何ができるかというと、自分は自分の話を書いているわけですよ。私のことをね。でも、いつか、「私が」「私が」と書いているのは、「私たちは」というふうになるわけ。そうすると、読者は「私たちは」と受け取ってくれる。自分の句が人の句と混ぜ合わさって、大きな感じの流れになり、解決ができる。そういうものなんです。

……わるいことをいっぱいしてきました。しないではいられなかったんです。女がひとりおとなになっていこうとしたら、生臭いこともわるいことも思いっきりしないではいられなかったんです。そのけっか、万の仏に疎まれたようなこの苦労、男で苦労し子どもで苦労し、また男で苦労して、一息ついたと思ったらこんどは親で苦労しております」

（伊藤比呂美『とげ抜き　新巣鴨地蔵縁起』より）

比呂美の万事ＯＫ

中西　そもそも「比呂美の万事ＯＫ」が始まったきっかけは何だったんですか？

伊藤　田代俊一郎さんという……。

中西　「西日本新聞」文化部の。

伊藤　彼が、私がアメリカに行ってすぐ電話をかけてきたの。電話をかけてくる人ってあまりいないから「え!?」と思ったら、「やりませんか？」と言うの。タイトルまで決めてあって、「比呂美の万事ＯＫ」って。「田代さん、私そんなに人生経験ないからできないわよ」と言ったら、「いやいや、もう十分、十分」と言われて、適当に押し切られ、始めちゃったんです。
　そうしたら、やっぱり向こうに行ってしばらくは仕事ができない状態だったの。子どもが大変だったし、自分自身も色々と悩みがあるのよ、私。これでも、すごく（笑）。

中西　ああそう。あははは……。

伊藤　書けない状態だったし。ハッと考えたら、私この一年間「万事ＯＫ」しかしてないじゃない、みたいな時もあった。

その間、自分で大きな悩みをいくつもいくつも抱えながら、人の悩みに向き合う。毎週、毎週、人の悩みに向き合うということをしていて。私の人生は、そうじゃなくてもかなり波乱万丈でしょう。それに加えて、人の人生を何百も生きてきちゃったような気がする。

中西　「万事OK」の本を読ませていただいたんですけど、相談者が全部、女性なんですよ。

伊藤　たまたまですよ。たまーに男からも来るんです。

中西　でも、何で「たまに」なの、男って。男にも悩みはいっぱいありますよ。

伊藤　男ってさ、悩みがあっても人に打ち明けて相談しないいんじゃない?

中西　男だから打ち明けられないの。

伊藤　気の毒ね。

中西　か、かるいよね（笑）。

伊藤　あはははははは。

中西　女だけが悩みがあるわけじゃないんですよ。

伊藤　男ってさ、そもそも打ち明けないいんだから、しょうがないじゃん。

中西　打ち明けられないのよ。

伊藤　それは今の打ち明けられない男たちが死に絶えて、次の世代の男たちがもうちょっと柔軟な考え方で「じゃあ比呂美おばさんに打ち明けてみよう」と思わないとダメなんじゃない?でね、なんか、こんなことを言ったら男のリスナーに申し訳ないけれど、女のつながりというものをものすごく大切にしたいし、それで自分が助けられてきたし、実際問題として女からの質問の方が嬉しく答える。それは確かね。

……街角で人気の手相見や、人生相談で行列のできる所って、ほとんど女性客ですよね。たまに酔っぱらったお父さんが、占いのお姉さんに手を握られてニヤニヤしていますけど。あ、今度は「比呂美の万事ＯＫ」、生バージョンをやったらどうですかね。新聞社の前に行列ができたりして。

とにかく一所懸命考える

中西　「西日本新聞」の「比呂美の万事ＯＫ」はもう十五年続いていて、単行本になりました。

伊藤　本には二回なっているんですよ。

中西　改めて、どういうコーナーか教えてください。

伊藤　人生相談なんですけど、一人でやっているんです。他所の大新聞なんかだと、何人もでローテーションを組んでやっているでしょう。

そういえば私、実はあちこちで「ライブ万事ＯＫ」ってやっているの。知ってた？

中西　知らない。

伊藤　講演会の形なんですけど、その場で相談を書いてもらって集めるの。で、その場でどんどん答えていくの。楽しいよ。一回来て。
中西　あの、あははは……。僕も相談させてもらっていいんですか。
伊藤　もちろん。
中西　ありがたい。ところで、新聞ではどういう相談が多いんですか。
伊藤　いろんなものがありますね……。新聞紙面で、載るコーナーが変わるんですよ。最初は若い人たちのためのコーナーに載っていたの。そうすると、多かったのは「自分は誰でしょう?」というような。
中西　ああ、なるほど。
伊藤　「友達とうまく付き合えません」とか。それから確か、宗教に行ったかな。そうすると、ちょっと高年齢になってきて、そして生活面に来て、その前に文化面か何かにあったんです。コーナーによってはなかなか来なくて困ったこともあるの。今は引きも切らずに重たい相談がいっぱい来る。
中西　重たいって、どんな内容ですか。
伊藤　離婚とか不妊、不倫、借金、パチンコ依存……本当に重たーいのが来ます。七転八倒しながら答えています。
中西　答える方も大変なんだ。
伊藤　やっぱりね。最初の一、二カ月ぐらいは気楽にやっていたんです。十五年前ですよ。だんだん重たい相談が来るようになって、そうすると、こっちも一所懸命考えるわけ。

私の「万事ＯＫ」の一番のポイントはですね、とにかくそこに相談者がいるつもりになって一所懸命考える。その人が、他の誰にも相談できなくて私のところに来たんだなと思うの。それで「万事ＯＫ」ということは、これしか手段がないんだな、というね。

そうしたら、その人の隣に座って、目は見ないで、じっと話を聴くということをまずするの。想像の中でね。そして、私が言う言葉で、万が一でもしてはいけないのは、その人を追い詰めてしまうこと。それはしたくない。客観的に見て「この人もちょっと悪いじゃん」と思うときも、ないわけじゃないじゃない。だけど、その人の立場に立って、その人の見方で世の中を見て、問題を考えていくというのが私のやり方です。


……今度出版された『比呂美の万事ＯＫ』（西日本新聞社）のはじめに比呂美さんのこんな言葉があります。

「十五年間、毎週毎週人の悩みを引き受けてきたということは、すごい数の人生を経験してきちゃったようなものです。すっかり逞しくなりましたよ。そして、どんな悩みや苦労も人として生きる上で、けして無駄にはならないものだと実感しています」

説経節と女の実感

中西　比呂美さんに見てもらった僕のひとり芝居は「しのだづま考」でしたね。
伊藤　「小栗判官」（「をぐり考」）もやっているんでしょう。「小栗」が見たいの。
中西　いいよオ。
伊藤　私、あの道行きのところが、ものすごく好きで。
中西　男にとっても、あの照手《てるて》姫は理想の女性です。
伊藤　ああ、そう。女にとっては、小栗は何でもできて、強くて、美しくて、スーパースターだったわけですよ。それが諸般の事情で餓鬼阿弥《がきあみ》というものになってしまって、三年間死んだ状態で土の中に入れられて。そして出てきたときには何もできない。
中西　耳も聞こえない、目も見えない、口もきけない。
伊藤　私、今まで五十六年間生きてきて、「あれって男じゃん」と思った。男って、私にとっては、ああいう一見かっこよくて何でもできて、強くて、私がついフラフラッとなっちゃうんだけど、ちょっと皮をめくってみたら、どの男もどの男も、みんな餓鬼阿弥じゃん、という。
中西　ああ、そう？
伊藤　はい。すごく私たちの実感のこもったお話であるんですよ。
中西　そうか。それをあの照手姫が土車に乗せて引いていくわけです。「えいさらさ、えいさらさ」って。

伊藤　そう。だから説経節って、私たち働く女の実感がこもった話で、それはちょっと前の『源氏物語』なんかにはない。そこまで働く強い女は、あの時代だけ。女はすごくよく働いて、男はどうしようもなくて、それを女が引っ張って歩いたという感じなのよね。

中西　でもね、男もね、そう思わされてきたというところがある。

伊藤　私もそう思うよ。それは本当にそうなんだけど、とりあえず私、昔の男が強がっていて、本当はダメで、そのときに頑張って女が生きてきたというところを色々と経験してきたので（笑）。ここで急に歯切れが悪くなってきました（笑）。

中西　あはははは。

……閻魔大王の許しを得て地獄から這い上がったものの、見るも無残な姿となった小栗判官は、土車に乗せられ、照手姫をはじめ、心ある人々の情けで熊野を目指して引かれていきます。熊野の湯につかり、もとの立派な若者となった小栗判官は、やがて照手姫とめでたく対面。ハッピーエンドです。大阪天王寺から熊野までの道は、今でも小栗街道と呼ばれ、かつてハンセン病患者の人々が「熊野の湯につかれば治る」と信じて通った道ともいわれています。中世の放浪芸といわれる説経節には、そうした社会外の社会に置かれた人々の記憶が刻まれているようです。

〔二〇一二年八月二十日～二十四日〕

もっと自由な芝居を

ふじたあさやさん

一九三四年、東京に生まれる。本名藤田朝也。早稲田大学演劇科卒。ラジオ・テレビドラマ作家として活動。前進座、文化座、青年劇場などに戯曲を提供、児童青少年演劇・音楽劇などの脚本・演出も手がける。一九九二年、「しのだづま考」で文化庁芸術祭賞受賞。実父は横浜事件で検挙された中央公論元編集長の藤田親昌。

……何年か前、私、「しのだづま考」というひとり芝居で、シベリヤ鉄道に揺られながらロシアを旅したことがありました。「多分この枕木の一本二本は親父が置いたものだろう。その息子がこの鉄道で芝居の旅をするなんて……平和でありゃこその国際演劇祭だ」。そんなことを想いながら大平原の町々を巡りました。今週のゲストは戦後演劇の世界を常に牽引され、またその「しのだづま考」の作・演出でもあるふじたあさや先生です。

原風景は焼け跡

中西　ふじた先生の演劇の原風景というと……。

ふじた　原風景は、やはり焼け跡なんですよね。戦争が終わった直後、焼け跡で、本当に食う物もなくて、シラミがたかっている状態の中で、演劇だけが輝いているように見えたのよ。

三越劇場しか劇場がなかったころですけど、杉村春子(一九〇六〜九七年)さんの「女の一生」(森本薫作、文学座)に出会ったりね。演劇が現実をちゃんと映していることに感動して、ああ、演劇ってこういうことができるんだと、当時中学生は思ったわけですよ。「じゃあ、演劇部だ」という感じで。

そうしたら演劇部に小沢昭一という変な先輩がいましてね。この人は芝居好きでね、上手いんだよね。だけど、僕がやろうと思う芝居をやらないのよ。新歌舞伎とか、落語ネタのお芝居とか、そんなものばっかりおやりになる。それには反発したけど、尊敬してました。

そのうちに小沢さんが卒業して早稲田に行かれた。やっぱり小沢さんが行った所はいい所だろうと思うから、本当は俳優座に行きたかったんだけど、早稲田へ行ったわけですよ。

すると、もちろん小沢さんは卒業した後ですけど、ちょっと違う演劇の新しい風に触れちゃって、それで少し違うことをやっていたんです。そうしたら小沢さんから電話がかかってきて、「手伝ってくれよ」と言うんです。やっぱり中学のときの四年先輩というのはね、断われませんよ。それで、何を手伝えばいいのかと聞いたら、「芸能座という劇団を期間限定で始めようと思うんだけど、俺は忙しくて研究生の面倒をみきれないから、あんた面倒をみてよ」と言う。「そうですか、じゃあやらせていただきます」ということで行ったらさ、そこにあなたがいたわけよ。

中西　そうですね。ところで、ふじた先生は社会派の劇作家でもあります。

ふじた　社会派でもあり伝統派でもあるんだけど、社会派である前に、父親が戦争中に受けた受難がね、僕のさらに原風景みたいな感じであるんです。

中西　お父さんは「横浜事件」（戦時中に起きた言論弾圧・冤罪事件）のとき、「中央公論」の編集長をやられていた。

ふじた　ええ。当時、治安当局にとっては目の上のたん瘤《こぶ》であるそういう雑誌を、無きものにしようと思ったんでしょう。でっち上げ事件がありまして、それに巻き込まれて。結局証拠がなくて釈放されるんですけど、一年間拷問を受けていたんです。

　それで、「中央公論」も「改造」も発行できなくなってしまうような、そういう戦争中の言論弾圧事件でしたが、それを子どもの目で見ていたものだから、そっちの方に目が向くわけですよ。それが僕の原風景のもう一つかな。

……小沢昭一さんが主宰した劇団「芸能座」で出合い、演劇のＡＢＣから教えていただいたふじたあさや先生。被差別をテーマとしたふじた先生作・演出の中西和久ひとり芝居「しのだづま考」は国内外でご好評をいただき、私のライフワークともなりました。

作ならびに演出へ

中西　劇作家とは、一言で言うとどういう人なんですか。
ふじた　芝居の本書きというのかな。芝居の土台造りですね。

2016年、「をぐり考」舞台稽古。川崎市アートセンターにて、ふじたあさやさん（左）と中西和久

中西　放送の本も書かれていたことがありますよね。
ふじた　そうそう。劇作では食えませんからね。劇作で「ああ、食えるんだな」と思うまでに二十五年かかっていますから。その間は放送作家をやっていたわけです。
中西　ＮＨＫで。
ふじた　そうです。映画のシナリオライターの下書きをやってみたり。子ども向け番組で「ものしり博士」というのがあったでしょう。あれを書いていたりね。
中西　そうそう「ケッペル先生こんばんは！」。そのころ井上ひさし先生が「ひょっこりひょうたん島」を書かれていた。
ふじた　私の向こうの机で書いていたんですよ、ＮＨＫのそばの喫茶店でね。ディレクターに追いかけられながら。それでお互いに「大変ですなあ」と顔を見合わせては慰め合っていた。そういう戦友ですよ。

中西　永六輔（一九三三〜二〇一六年）さんが、そのころ「夢であいましょう」ですか。
ふじた　あの人は、あのころからもう放送の世界をリードしていましたから。カッコイイ先輩だなと思って、密かに仰ぎ見ていた（笑）。
中西　劇作家は当然ながらお芝居の台本を書かれるのですよね。
ふじた　そうですね、台本、役者が芝居をする仕掛けを書くわけですけれど、一所懸命セリフを覚えて、言ってくださるんだけど、そのモードだと自分の言葉はなかなか出てこない。なかなか即興ってきくものじゃない。やっぱりある程度書いておいてあげないといけない。だから色々と書いちゃうわけですよ。そうすると、なんだか役者さんが偉そうに何かしゃべっているなという印象を与えたりするわけです。そうすると、こっちは密かにしめた、しめたと思っているわけです。役者さんの方はお客様をだましちゃったりなんかして。
中西　そのうえ先生は演出家もやられている。
ふじた　誰かに演出してもらって、「ああ、なるほど。俺の本はこうなるのか」と思ったのは秋山悟史（劇作家、演出家。一九三四〜二〇〇五年）ひとりで、それ以外はあんまり感心したことはない。千田是也《せんだこれや》（演出家、俳優。一九〇四〜九四年）先生は一応感心しましたけれど、それでもやっぱり千田先生が考えていることは手に取るようにわかるので、「ああ、いいな。なるほど、俺もこうしよう」と思っているうちに、じゃあおまえ演出やれ、みたいな話になって。そういう「作ならびに演出」という、プロデューサーが一番喜ぶタイプ。作家と演出家と両方にギャラを払わないですむ。合わせてなんぼという、そういう世界になってしまったということです。

中西　先生、ありがとうございます。私もその世界の一人です。

……劇場ってところはいろんな人たちが働いています。舞台に立つ俳優、裏方、お客さんを案内する表方、劇作家も演出家もそのスタッフの一員です。いろんな人たちの力が合わさって作品が生まれます。さらにその舞台と客席の間に生まれてくるのが「感動」です。

「しのだづま考」

中西　先生の脚本・演出による僕のひとり芝居「しのだづま考」は、文化庁の芸術祭賞を受賞しました。

ふじた　同じ作品で二人同時受賞というのは史上はじめてだった。

中西　僕は先生に書いてもらう、そのずっと前に、小沢昭一さんの劇団で先生に芝居のＡＢＣを教わって、それから僕の役者人生が始まりました。

ふじた　そのＡＢＣ時代にさ、「さんしょう太夫」という僕の芝居をやっているじゃないですか。あの芝居は、その前に前進座でやっているんです。前進座は説経節に色々といい素材があるということに目を向けていた時代で、その一つとして「しのだ妻」自体をやっていたんです。ああいうシリーズで、僕がやれるひとり芝居はないでしょうかという話の中で提案があったんですよね。
中西　大阪の人権博物館（リバティおおさか）の企画で、人権をテーマにしたひとり芝居をできませんかと。しかも大阪を舞台にした芝居でと、お話をいただいたんです。そのときに、ぽんと浮かんだのが先生の「しのだ妻」でした。
ふじた　僕は、それを書いたころに「信太妻」伝説について少し勉強しようと思って、小さい論文なんかも書いていた。実はこの物語を作った語り手たちは差別についてきちんと語りたかったんだと。それを物語の形に託して書いたんだというようなことに思い至っていたので、中西の提案を「そうだ、そうだ」と、すぐその気になって受け止めたんです。だが、書くのは大変だったね。
中西　劇作家は自由ですから、何を書いてもいいんですよ。役者は「説経節で」と書かれていたら、説経節をやらなければいけない。僕は全部弟子入りをして稽古した。
ふじた　芸能のごった煮を狙ってね。中西君はそういうものに色々とアンテナを張っていた人だから。だいたい師匠の小沢さんがそういう人。だから「おまえ、講談の弟子入りしろよ」とかね。「ちょっと説経節を習ってこい」とか、「同じことなら三味線をやっちゃえよ」とか、そう言って、そそのかしては苦しめてきた（笑）。
中西　ええ……。初演が終わったら、僕は倒れまして入院しました（笑）。

ふじた　本が遅くてね、ご迷惑をかけました（笑）。
中西　まかり間違えば「ふじたあさやは人殺し」と言われています。
ふじた　ははは……。

……さて、このお芝居が生まれてからもう四半世紀。でもねえ、部落問題をテーマにしているからでしょうか、これまでに、いや今でも、放送ではご紹介できないような酷い差別発言を頂いたりします。発言は自由ですよお。でもね差別の自由はございません。

語り継がれる「信太妻」

中西　去年（二〇一二年）秋に福岡の住吉神社で、僕のひとり芝居が千回を迎え、その記念で「しのだづま考」を演じました。大まかな筋を話していただけますか。
ふじた　安倍晴明《あべのせいめい》（陰陽師。九二一～一〇〇五年）というのは何だったのかということを、一つの伝説の形でもって、でっちあげてあるというかな。でっちあげたんだけど、かなり必死の思いででっちあげた。そのへんが面白い作品です。
　安倍保名《やすな》という男が、あるとき信太の森でもって殺されそうになったキツネを助けるわけですね。そのキツネが女になって彼の前に現われて結婚する。それでできた子どもが後の安倍晴明で、そういう不思議なことから生まれた、あり得ないことから生まれた子どもだから、あり得ない力をもっていても当然じゃないかというお話が根っこにあるわけです。

そういう人だから陰陽道についてあれだけのことをやったわけだし、こんなに人助けもしたし、こうやって悪いやつをやっつけた、というふうなお話になっている。安倍晴明に託して、苦しい状態から、差別された状態からの解放を願っているという、それがありありと後付けられるようなお話ですよね。

これは結構やっぱり、ああ、そういうお話だというふうに、わかっている人たちがいたわけで、中には「あの話をやると、うるさい人もいるよ」みたいな扱いもされていた。それは逆に言えば、大事にしなければならないお話だということだと思うんですね。で、まあ、芸能のごった煮で作ろうと。

今の私たちが継承している演劇の中にはいろんな要素が紛れ込んでいて、いろんなご先祖がいて、音楽のご先祖だったり、もちろんお芝居のご先祖、語りのご先祖とか色々あって、そういうものが統合されて今の演劇ができあがっているのだということを、きちんと意識しようじゃないかという提案だったわけです。

中西　つまり歌舞伎・文楽だけではなくて、各地の民俗芸能や盆踊りや瞽女《ごぜ》唄や、いろんなものに「信太妻」伝説が謳われていますよね。

ふじた　どうしてそんなに広がっているんだろう。少しずつみんな違いがありながら、このお話は結構みんなに愛されてきた。どうしてかなというのはありましてね。

それはやっぱり、どこにも貧しい人たちがいて、どこにも解放されたい思いがあって、そういうものがこのお話の広さを支えているんだという気がするんですよ。

……二十年程前、東京に新国立劇場が誕生した時、その初代芸術監督が「この劇場で天皇制、宗教、同和はおことわり」と言って物議をかもした事がありました。でもねえ、ちょっと前まで、いや、いまでも文化芸術の世界ではこれは常識です。思わず本音が出たのでしょう。ちなみに「しのだづま考」はこの劇場のこけら落としとして上演されましたが……。

世界とつながる

中西　ふじた先生は日本の演劇の中枢でずっと活躍されてきて、今は「アシテジ」という国際児童青少年舞台芸術協会の世界理事も務めていらっしゃいます。十四人しかいない世界理事の中のアジアの理事。どういう仕事をなさっているんですか。

ふじた　これは世界中の児童演劇や青少年演劇をやっている連中の横の組織で、今の事務局はクロアチアにあるんですけど、会長は南アフリカの人です。そういう世界レベルの（笑）。

中西　この間はマチュピチュに登っていらした。

ふじた　マチュピチュはおまけでして。その前にアルゼンチンで世界理事会がありました。

中西　どういうことが議題になるんですか。

ふじた　世界の児童青少年演劇をお互いに勉強しあうという場所を積極的に作って、お互いに今どういう芝居をやっているか、どういう芝居をやることに今意味があるかということを討論しあう。

今、世界中で話題になっているのは「タブー」だというんです。触れてはいけない話題があちこちにある。そういうことが、あっていいのかという話になるわけだけど、それぞれの国の社会の形によって違うじゃないですか。インドにはインドのカースト制度があるとか。

日本ではどうなんだと聞かれたから、僕は、日本には歴史的に形成された差別問題があって、それが大きな問題になっている。だけれども、それをどうやって無くしていこうかというときに、やっぱり色々と微妙な問題がある。例えば、差別用語を使ってはならないということを言い出すと、みんなが自主規制を始めたりする。それで結局、差別そのものは無くなっていないじゃないかと。そういうジレンマがあるんだと、そんな話を僕はしたの。

そうしたらね、聞いている世界中の連中が、あちこちでうなずいていた。同じような問題があるのかと聞くと、「あるんですよ」という話になった。こういう人権の問題一つとっても、横につながれる可能性はいっぱいあるんだよな。

世界を見て気づくことは色々とある。特に、我々はセリフに頼りすぎる。セリフで全部説明してしまおうとする。そういう芝居ばかり作ってきた。世界にそんな国はないわけよ。

芝居というのは、もっと自由なものなんです。その自由さ、もっと境目がないもの。踊りとも音楽とも境目がない、見ているだけで子どもがワクワクできるような芝居を、世界ではいっぱい作っているんだよ。そういうものを日本に持ち込みたいね。日本の芝居をもうちょっと活性化させたい。

言葉で説明をするということではなくて、言葉は思いを伝えるためにあるんだと。そのことを受け止めてもらえるという関係の中で、演劇というのは、さらに花が開いていくのだということを、このごろ確信しているんです。

……ふじた先生は八十歳を超えてなお、劇作・演出と日本国中を旅して大忙しなんですが、その上近頃は、お聞きのように海外でも大活躍。ちなみに最近の話題作は福島原発事故を扱った芝居ですが、実はこれが書かれたのが三十年前。今を予見したようなお芝居でした。

〔二〇一三年八月二十六日～三十日〕

「雑」な仕事をたくさんしたい

五木寛之さん

一九三二年、福岡県八女郡に生まれる。生後まもなく朝鮮半島に渡る。戦後、ピョンヤンより福岡県に引き揚げる。早稲田大学に入学。雑誌の編集長や、CM、音楽番組の制作、童謡や主題歌などの作詞活動を行う。のち、『蒼ざめた馬を見よ』で、第五十六回直木賞を受賞。以後は多彩な執筆活動を行う。一九八一年からは二度目の執筆を休止、龍谷大学の聴講生となり、仏教史を学ぶ。

……現代を駆け抜けてきた作家、五木寛之さん。『さらばモスクワ愚連隊』(講談社)で作家デビュー、「蒼ざめた馬を見よ」(文藝春秋)で直木賞。『青春の門』(講談社)は国民的文学となりました。福岡県八女のご出身、八十四歳。

日本人の心のリズム

中西　五木さんの作品には小説もエッセイも数々ありますけれども、作詞、それも演歌というものが意外と多いですね。

五木　そうでもないと思いますよ。全体の三分の一もないと思うけど。皆さんあまりご存知ないけれど、三善晃(作曲家。一九三三～二〇一三年)さん、武満徹(作曲家。一九三〇～九六年）さんなどとクラシックの作家と組んでの合唱曲とか、そんなものもいろいろありますから。童謡やミュージカルなど沢山あるんです。

中西　ええ、そうですねえ。クラシック畑もありますが、俗に歌われるというか、いわゆる流行歌に興味を持たれているのはなぜですか。

五木　流行歌というものは、みんなが普通口ずさむものですから。そして、その時代に流行して、あっという間に消え去っていくものです。そこが流行歌のいいところですね。「流れ去る歌」という名の通りです。名曲として残るものもいくつかありますけれど、その残る名曲のピラミッドの下の方には何千何万と、三年たつと消えてしまった歌がいっぱいあるわけで、そういう歌に愛着があるんです。後に残って古典なんて言われるものよりも、明日は消え去っていく流れゆく歌に。

中西　五木さんのエッセイなどを読んでいると、『梁塵秘抄《りようじんひしよう》』とか『閑吟集《かんぎん》』とか出てきます。

五木　「今様」ですね。平安時代末期から鎌倉時代にかけて熱病のように流行した歌たち。

中西　これはどういう人たちに支持されていたんですか。

五木　もともとは白拍子《しらびようし》の間から起こっている歌なんです。

中西　白拍子というのは？

五木　その当時の白拍子は、ある意味でいうと芸をするホステスみたいなもので、半ば娼婦も兼ねたような、そういう世界です。今様というのは、まあ、今の風俗の世界から生まれたボウフラのような歌なんですね。そういうものがどんどん人々の間に歌われ、洗練されて、いわば知識階級とか上流社会や貴族までがそれに熱中して歌い始めた。もう世を挙げて、あらゆる人々が、男も女も、「道を行く者、首をふりふり、今様を歌いながら歩かぬ者なし」と言われるぐらいの流行になるわけ。にもかかわらず、まあ何十年か続いて、あっという間に消えるんだよね、不思議なことに。

ただ、今様の歌詞はだいたい七五調の四行なんです。例えば今様の名曲というのは、「遊びをせんとや生まれけむ　戯れせんとや生まれけむ　遊ぶ子どもの声聞けば」なんていう、これなんかも七五調なんですよ。

これは、昭和の名曲の中にいろいろあるけれど、例えば「あなた、変わりはないですか」とか「着てはもらえぬセーターを」「ひとり酒場で飲む酒は」とか、みんな七五調でしょう。平安時代、十二世紀、十三世紀のころから二十世紀の昭和まで、日本人の心の中に流れているリズムが七五調なんですかね。

……今様というと凄く古い唄のようですが、じつは「黒田節」、以前は「筑前今様」と言われていました。昭和三年ＮＨＫラジオの草創期、ディレクターの井上精三さんが「黒田節」と名付けて全国放送されたのが初めなんだそうです。どうです、今様って身近で、そんなに古くもないでしょ？

被差別の体験

中西　先生は民俗学者の沖浦和光（一九二七〜二〇一五年）先生との対談集『辺境の輝き』やルポライターの朝倉喬司（一九四三〜二〇一〇年）さんも交えての鼎談『歴史の中の遊女・被差別民』（『歴史読本』編集部編、新人物往来社文庫）『隠れ念仏と隠し念仏』『サンカの民と被差別の世界』（ちくま文庫）などのご本も書かれています。「被差別」というものを探求されているのは、何かきっかけがあったんですか。

五木　自分自身がいわゆる差別される側にいましたから。旧植民地からの引き揚げでしょう。当時は「ヒキアゲシャ」というのは差別語でした。

五木寛之さん

中西　沖浦和光さん、朝倉喬司さんも、そこを研究されている方々ですよね。五木先生が入っていらっしゃることで、わかりやすくなりますね。

五木　僕はそういう役ですから。まあ太鼓持ちみたいなものでね（笑）。

　差別というものは全世界に深く存在し普及しているもので、人間というのはどうしようもないなと思うところもあります。

中西　先生がお書きになる一番の原点のところに、引き揚げ体験というものがある？

五木　はい。それがあると思います。小説を書くといっても、いわゆる娯楽小説とかエンターテインメントというのはある種、被差別のジャンルなんですよ。

中西　そういえば五木さんがお書きになった『青春の門　筑豊篇』などは炭鉱が舞台、炭坑夫は昔「下罪人《げざいにん》」ともいわれていた。差別される側にいる視点から書かれていますよね。

五木　筑豊がああいう形で閉山して、たくさんの労働者が国内外に散っていきました。南米とかドイツなんかで、そういう人たちに会って「筑豊を懐かしく思いませんか？」と聞くと、「いやあ、別に全然懐かしゅうはなか」と言いますね。「もうボタ山のある所はどこでも故郷《ふるさと》たい」って、こういう感じだから。みんな外国へ出ても鉱山や炭鉱で働いているんですよ、世界中に石炭を掘っている所はいっぱいありますから。別に筑豊がなくなったからって、故郷がなくなったわけじゃない。働く現場が「ふるさと」なんです。中国の故事では「落地生根」という。

中西　その筑豊を舞台にされたというのは、やはり何か縁があったんですか。

五木　ええ。僕は学生時代から生活が大変だったものですから、アルバイトをずっとやっていまして、中学時代から筑豊にはずっと通っていました。

中西　それはなぜ？。

五木　八女だからお茶を運んでいって、お茶の行商をするとか。ちょうど朝鮮戦争の前後で筑豊はめちゃくちゃ景気が良かった時期ですから、本当に褌《ふんどし》一つの、炭住の長屋に住んでいる人たちが「一番高かとをくれんかい！」とか言ってね。「玉露ば！」とか（笑）。そんな時代ですから、仕事にはすごく良かったですよ。

……「私はこれまで二度自殺を考えたことがある。最初は中学二年生の時で、二度目は作家としてはたらきはじめたあとのことだった。」ベストセラーとなった『大河の一滴』の一節です。「さすらうもの」や「流されゆくもの」への寄り添い、慰め、共感というんでしょうか……それが五木文学の豊饒な言葉の底を流れる基調音ような気がします。

年をとっての勉強は面白い

中西　先生は作家として活躍されているのに、一度中断して勉強されますよね。
五木　さぼっただけです（笑）。
中西　京都の龍谷大学で聴講生になった。どういう勉強をされたんですか。
五木　「蓮如」をやったんですね。ちょどそのころポーランドでワレサという人が、ソ連に抵抗して大きな運動を展開していた時期だったんです。蓮如（浄土真宗本願寺中興の祖。一四一五～九九年）という人は中世日本のワレサじゃないかという発想があって。
　蓮如という人は宗門外では評判の悪い人なんですよ。どちらかというと貶《けな》されることが多いんだけど、じつはなかなか面白い人でね。親鸞（浄土真宗開祖。一一七三～一二六二年）の教えを背負って、たくさんの人たちに念仏を手渡すという仕事をやった人です。それはもうキリスト教のパウロみたいな存在ですから。評判は悪いけれど、やった仕事はすごい。それと、あとは九州の「隠れ念仏」をちゃんと勉強しようと思って、龍谷大学に千葉乗隆先生という専門家がいらしたものですから。九州の「隠れ念仏」と東北の「隠し念仏」、この二つは未だに興味の対象です。

中西　「隠れ」と「隠し」はどう違うんですか。

五木　南九州の隠れ念仏は、本願寺系の正しい真宗の正統的な人々が薩摩藩から禁止されて、隠れキリシタンみたいに隠れるわけです。表には神棚を置いて、実は裏には名号が入っている、みたいな。

　東北の方は、お坊さんのいない念仏なんですね。やはり浄土真宗なんですけれども、これは徳川幕府と本願寺と両方とも弾圧されるんです。ですから自分たちだけで密かに隠して、表には他の宗派の看板を掲げておいて、深夜密かに自分たちで集まりをする。

中西　教団の中でも隠しているんですか。

五木　東北の隠し念仏は本願寺からも幕府からも取り締まられる。薩摩の方は、本願寺からは頑張ってよくやっているというふうに認められた。お布施も届けるし、弾圧で打ち首になったり拷問を受けたりするけれども、念仏を棄てない、そういう殉教の人々なんです。これが隠れ念仏なんです。

中西　五十歳頃からの聴講ですが、大学の中ではどうでしたか。

五木　やっぱり、年をとって勉強すると面白いですよね。昔は休講なると「やったー！」なんて喜んでいたけど、自分で志して行くと、先生が休んでいると文句を言いに行くぐらいで。だから若い学生たちは「本当にあのオヤジは余計なことをする」って（笑）。先生から「はい、これで終わり。質問ありますか？」と言われて、「ハイ！」なんて手を上げると、みんなうんざりした顔をしてね。「あのオヤジ」とか言っている（笑）。

……京都での学生生活のあとも『大河の一滴』『親鸞』などなど　数々のベストセラーを出版されている五木さんですが「肉声から伝わってくる感覚というものがじつは人間の言葉のなかの命」「文字はその代用品」と仰っているのがとても印象的でした。

加害の部分は語れない

中西　『大河の一滴』を書かれたのは今から二十年ぐらい前です。

五木　そうなりますか。

中西　そのころは、阪神淡路大震災が起こったり、地下鉄サリン事件があったり、世紀末みたいな感じでした。

五木　でも、戦争の時代に比べるとやっぱり平和なんですよね。戦争の時代を体験していると、

「非常時」とは日常の感覚ですから、人がバタバタ死ぬとかいうことはさほど不思議でないですし。

中西　先生にとって戦時中のこと、あるいは引き揚げて来るときのことというのは、思い出したくもないことですか。

五木　そうですね。思い出すことはいっぱいありますけども、「こんな辛い目に遭いました」なんていう話はあまりしたくないのです。といって、自分がやったことを率直に話せるかというと、これはなかなか話せない。

戦争に行って、帰って来て、戦地で上官からいろんな命令をされて、本当に言語に絶するようなことをやらされた人たちが、例えば田舎に戻って、いいおじいちゃんになって、孫や家族に囲まれて家族みんなから親しまれているというときに、「おじいちゃん、戦争中にどんなことがあったの？」と言われたときに、こういうことでね、捕虜を銃剣で刺しました、なんていうことを話したら、家族はつらいでしょう。今まで優しいおじいちゃんと思っていたのに、この人がその手で人を殺したのかというふうに思うと、なんかちょっとやりきれない。それは言えないですよ。

中西　いま戦争を語り伝えようということを一所懸命やっている方もいらっしゃいます。やはり被害の部分は語れるけれど、加害の部分は語れない？

五木　加害の部分を語ると、フィクションを話す人も出てきて、話をオーバーに語ったりする人も出てくるわけですから。「私はこういう罪を犯しました」みたいなことを言ったところで、これはなかなか難しいです。ですから本当のことというのは、なかなか聞けないし語れないし。加害体験を飾らずに率直に偽らずに語れるということは、世を捨てた人じゃなきゃ、できないじゃないですか。自分の家族がいるとか、周囲の人たちとの付き合いがあるとかいう人には無理ですよね。すべてを捨てて、世捨て人みたいになって、そういう人だったら語れるかもしれないけど。

しかも、それを語る時に、果たして自分の記憶が正確なのか、あのことは夢だったのか幻だったのか事実だったのか、やっぱり迷うことがあると思います。ですから僕なんかでも、どうしても口が重くなってしまいますよね。

……野坂昭如（作家。一九三〇〜二〇一五年）さんが参議院選挙に立った時のスローガンは「二度と飢えた子どもたちの顔は見たくない」でした。その応援演説の中で五木さんは、敗戦や引き揚げの極限状態の中で、大人たちに僅かな食料を力ずくで奪い取られた経験から「二度と飢えた大人たちの顔は見たくない」と訴えました。どちらも戦争体験者の本音でしょう。

「雑」の精神

中西　今までいろいろなものを書いてこられて、さて、これから書こうと思っていらっしゃるものはありますか。

五木　そうですね、親鸞という人がすごいと思うのは、まず九十歳まで生きたということです。あの当時の九十というのは驚異的だと思いませんか。平均寿命が三十歳、四十歳という時代ですからね。さらにすごいのは、八十歳を過ぎて晩年九十歳までの間に、すごく大きな仕事をした人なんです。たくさん著作もありますし、一番大きいのは作詞を何百と作詞をしたことです。

中西　作詞ですか。

五木　和讃《わさん》と呼びます。和讃というのは、今様と同じで一般に七五調、四行ぐらいが基本です。みんなが信心の気持ちを歌い上げる。それの作詞を彼はずっとやって、何百と作詞をしました。

中西　覚えやすいように、ですか。

五木　隣の洟垂《はなた》れ小僧にも、その辺のおばあちゃんにも、難しい仏教の一番大事なところが伝わるように、ということなんでしょうね。だけどそれを、歌って楽しく気持ちのいい、みんなで和やかに歌えるというものを目指して書いたわけです。ですから、作詞家としてものすごい仕事をした人ですよね、晩年に。

　永六輔さんも歌をたくさん書いていますけど、あの人も浄土真宗のお寺の出だから、説教坊主ですよね（笑）。いろんな人に語り掛けるという、「見上げてごらん夜の星を」とか。「上を向いて歩こう　涙がこぼれないように」とか。いろいろ人に勧めるでしょう（笑）。やっぱり浅草の真宗のお寺の息子さんとして生まれたというところが、よく出ていると思いますね。単なるエンターテインメントではない。
例えば阿久悠（作詞家。一九三七〜二〇〇七年）さんなんて、本当に大御所だけども、一方で演歌もずいぶん書きましたよね。「舟歌」みたいな傑作も残しているし。といって一方では、ものすごくモダンな新しい歌をいっぱい書いています。僕はその「雑」ということがすごく大事だと思っています。

中西　「雑」とはどういうことですか。

五木　ありとあらゆるものを、隔てなく何でもやるということです。だから僕は一生ずっと「雑」な仕事をたくさんしたいと思っているんですよ。この道一筋とか、その事に、値打ちがあるとか、上とか下とかということは一切考えずに、全部同じようにやる。ＮＨＫの合唱コンクールの歌なんかも書いていますけど、そういう歌も、歌謡曲や演歌の類も、ＣＭソングも、小説も評論も全然その間には分け隔てなくやっていく。それが「雑」の精神です。
「雑誌」というのもそうですよね。だから僕は「エッセイ」なんて言っていないですよ。「雑文書き」と言っているんです。そういう気持ちでずっとやってきました。

……一九七五年から「日刊ゲンダイ」に連載の五木さん風に言いますと、雑文「流されゆく日々」はこの九月には一万回を超えました。現在、世界の新聞掲載コラムの最長記録ギネス更新中。

〔二〇一六年八月二十二日〜二十六日〕

人類は罪が深過ぎる

石牟礼道子さん

熊本県天草市出身。水俣実務学校卒業後、代用教員となる。一九五八年谷川雁などの「サークル村」に参加、詩歌を中心に文学活動を開始。『海と空のあいだに　石牟礼道子歌集』（葦書房、一九八九年）『はにかみの国　石牟礼道子全詩集』（石風社、二〇〇二年）『石牟礼道子全集 不知火』（全十七巻・別巻一、藤原書店）など多数。

……公害の原点といわれる水俣病公式確認から今年（二〇一六年）で六十年。生まれたときから不知火の海を眺めて育ち、やがて水俣病被害者に寄り添い、その世界を描いた作品『苦海浄土』は、今や我が国の近代文学の代表的作品です。

作家石牟礼道子さん、八十九歳。今週は熊本です。

原点が存在する

中西　最初に物を書こうと思ったのはいつごろですか。

石牟礼　一年生のころです。

中西　小学校の？

石牟礼　はい。それは机《つくえ》龍之助が主人公の『大菩薩峠』（中里介山著）を読んだから。
中西　面白かったんですか。
石牟礼　面白かったですよ。
中西　長いでしょう、あれ。
石牟礼　長いですね。それで全部は読んでいない。前の方だけ。冒頭のおじいさんの巡礼が大変興味深かった。「どういう気持ちかな、大人は」って。それから栄町（水俣市）のことを、家の中に起きたこととかを書いていましたよ。そうすると現実の栄町という町が、またもう一つ出来上がる。それで面白いなと思って。
中西　それから長じて学校の先生になられますよね。そのころは、やはり書かれていたんですか。
石牟礼　はい。
中西　それで筑豊の方で、上野英信さんや森崎和江さんたちの「サークル村」というのができますよね。あっちの方にも参加していらっしゃったんですか。
石牟礼　参加というよりも、雁《がん》さんがいらっしゃいましたね。
中西　詩人の谷川雁（一九二三〜九五年）さんですね。
石牟礼　もの珍しいので、ちょっと行ってみたの。そしたら言葉が全然違うので、炭鉱言葉にも大変興味がありましたね。

中西　最初のころはそこに原稿を送って、それが後に『苦海浄土』ということになるんですか。
石牟礼　違いましたね。最初は炭鉱言葉が珍しかったので、それに合うような……。
中西　ああ、そうですか。炭鉱言葉は面白かったですか。
石牟礼　はい。違う言葉があるというのが面白かったですね。ただの方言ではなくて、階層がある。
中西　ああ、人に？　言葉が違うことによって。それは面白い発見ですね。
石牟礼　はい。それからまた再び方言の方に帰りました。雁さんの言葉に有名な言葉があって、「原点が存在する」。「それは雁さん、うちげの方ですばい」って私は思って、原点を探しているんですよ。
中西　いまだに？
石牟礼　はい。
中西　見つかりそうですか？
石牟礼　見つかっています。
中西　どこにありました？
石牟礼　それは天草にありました。
中西　天草……。生まれた所？　天草のどこらへんにあったんですか。
石牟礼　どこにでもあります。

中西　それは何ですか。

石牟礼　草のように生きている人たち。貝のように生きている人たち。

……「魚は天のくれらすもんでござす。天のくれらすもんを、ただで、わが要ると思うしことって、その日を暮らす。これより上の栄華のどこにゆけばあろうかい」

石牟礼さんの描く世界、自然はどこまでも美しく幸福感にあふれています。ひょっとしてそれは草のように、貝のように生きられなくなった私たちへの「希い」を込めたメッセージなのかもしれません。

石牟礼道子さんと中西和久（右）

草が私の祖《おや》

中西　先生の本を読んでいますと、水俣の言葉がいっぱい出てきますね。もう今では九州の人さえ使わなくなったような言葉がいっぱい出てきますね。あれがとても面白い。

石牟礼　そのように読んでいただけると大変ありがたい。

中西　それが水俣の風景の中にとてもよく馴染《なじ》むんですね。言葉というのは、その土地のものですから。

石牟礼　植物と同じですね。
中西　先生の作品の中には「草」がいっぱい出てきますね。
石牟礼　はい。「草の祖《おや》」という。
中西　それはなぜですか。
石牟礼　人類というのを考えていけば、罪が深すぎて。
中西　罪を犯すのは人だけですね。草も木も罪は犯さないですね。
石牟礼　本当に安らかになります。「人類」と言うことがちょっと不満で、「生類」と言いたい。
中西　「生類」と言うと全部入りますね。
石牟礼　草も入ります
中西　草というのは、子どものころ草を摘んだりとかすると、それはずっと祖先にも会っているような気がすると、どこかに書いてありましたね。石牟礼さんの中で草というのは、その土地だけじゃなくて、時間も含まれているんですね。
石牟礼　草が私の祖《おや》だと思うと救いがありますね。「人間」という言葉があって、「人類」という言葉があって、「市民」という言葉があって、「農民」という言葉がある。そして炭坑夫は何に分けられるのでしょうかね。普通の人とは違うでしょう？　違わないけれども違うでしょう？
中西　僕のひい爺さんも炭坑夫なんです。三池炭鉱の。

石牟礼　私のおじいさんの子どもも三池炭鉱で亡くなりました。
中西　じゃあ一緒に働いていたかもしれない。
石牟礼　そうですね（笑）。

……写真家で夫のユージン・スミスさんと水俣病を世界に発信し続けているアイリーン・美緒子・スミスさんが二〇一一年の福島原発事故をうけて発信している「水俣・福島に共通する十の手口」というのがあります。その中からいくつか紹介しますと……さて、誰のどういう手口でしょうねえ。
一、「誰も責任をとらない、縦割り組織を利用する」
二、「ひたすら時間稼ぎをする」
三、「被害者を疲弊させ、あきらめさせる」
四、「御用学者を呼び、国際会議を開く」
石牟礼さんのおっしゃる「人類は罪が深い」が、あらためて響きます。

弟を書きたい

中西　水俣病と出合われたことで、石牟礼さんの心の中では何か変化が起きましたか。
石牟礼　変化が起きましたね。水俣病を書く前に天草に行ったんです。明治維新って何だったんだろうと思いましたね。
中西　西南の役のことも書かれていますでしょう。そういう疑問が出てきたわけですか。
石牟礼　はい。
中西　水俣の『苦海浄土』をお書きになりながら、一緒に患者さんたちとチッソに行かれたりしていますよね。
石牟礼　水俣のチッソに勤めているサラリーマンたちのことを「会社行きさん」と言って、それで尊敬されていましたもん。
中西　へえ、そうですか。そういえば、僕の生れた大牟田でも炭坑夫は、商社マンや銀行マンと同じように炭鉱マンと呼ばれていました。
　これから、こんなものを書きたいというものはありますか。
石牟礼　弟をたよりにしましたので、弟のことを書きたいですね。
中西　どんな弟さんでしたか。
石牟礼　何と言うか……、大好きでしたね。
中西　おいくつのときにお亡くなりになったんですか。
石牟礼　三十歳。
中西　若かったですね。何をおやりになっていたんですか。
石牟礼　会社行きになったです。

中西　水俣で？
石牟礼　はい。
中西　チッソにお勤めだったんですか。
石牟礼　はい。弟の他には大廻《うまわり》の塘《とも》のことが書きたい。
中西　大廻の塘とは？
石牟礼　土手のこと、川淵のことで、その川淵のことを書きたい。川は海とも合体しますし、陸とも続いています。栄町にいられなくなって、大廻の塘の川向こうに転宅したんです。そこで幼いときはひとり遊びをしていました。
中西　どういう遊びですか。
石牟礼　貝取りです。
中西　いっぱい獲れましたか。
石牟礼　はい、いろいろ。
中西　石牟礼さんは、書いているときは子どものときの遊びみたいな感じですか。いっぱい表現が出てくるでしょう。遊びなのかな、やっぱり。
石牟礼　はい、遊びですね。
中西　芝居と共通してます。芝居も昔、アソビと言っていました。石牟礼さんの表現を見ていると、いろんなところで自由に遊んでいらっしゃる感じがして読んでいてとても楽しいですね。

……私は、永い間『苦海浄土』をルポルタージュと思っていました。でも、改めて読み返してみましたら、なるほど緻密な取材をもとに書かれた小説であることに気付きました。「水俣病の患者さんの語りは私の主観です。患者さんに託して自分を語っています」これ石牟礼さんの言葉です。虚と実のあわいにあるなにものか、そこに現れる真実が読者の心をとらえているのでしょう。

天の魚

中西　『天の魚』の書き出しのところ、序詩ですけど、先生に読んでいただくことはできますか。

石牟礼　その「先生」というのは言わないでください。

中西　道子さん、みっちゃんでいいですか。

石牟礼　はい、みっちゃんでよかです。

中西　では、みっちゃん、ちょっとこれ読んで（笑）。

石牟礼

　生死《しょうじ》のあわいにあればなつかしく候

　みなみなまぼろしのえにしなり

御身の勤行に殉ずるにあらず　ひとえにわたくしのかなしみに殉ずるにあれば　道行のえにしはまぼろしふかくして一期の闇のなかなりし
ひともわれもいのちの臨床《いまわ》かくばかりかなしきゆえに　けむり立つ雪炎の海を行くごとくなれど　われより深く死なんとする鳥の眸《め》に遭えるなり
はたまたその海の割るるときあらわれて　地《つち》の低きところを這う虫に逢えるなり
この虫の死にざまに添わんとするときようやくにして　われもまたにんげんのいちいんなりしや　かかるいのちのごとくなればこの世とはわが世のみにて　われもおん身も　ひとりのきわみの世をあいはててるべく　なつかしきかな
いまひとたびにんげんに生まるるべしや　生類のみやこはいずくなりや
わが祖《おや》は草の親　四季の風を司り　魚《うお》の祭りを祀りたまえども生類の邑《むら》はすでになし
かりそめならず　今生の刻をゆくに　わが眸《まみ》ふかき雪なりしかな

……石牟礼さんは和歌や俳句はもちろんですが、絵も凄い「歌はオペラ歌手になればよかったと思うほどの見事なソプラノ。朗読をさせれば木下順二作「夕鶴」をおやりになっていた名優山本安英さんが「負けた」と漏らしたほどの名手です。

「みっちゃん、ちょっとこれ読んで」は「キミー、軽すぎるでしょう、中西!」。

今日の朗読、心に響きました。

熊本地震

中西　石牟礼さんのお誕生日はいつですか。
石牟礼　三月十一日。
中西　その日に東日本では大変な地震がありました。それから、そのすぐ後に原発事故もありました。そして今年になると、熊本でまた大地震がありました。
石牟礼　はい。ここに寝ていたんですよ。本震のときには動けませんので、「ああ、いよいよ死ぬ時が来たな」と思って、気絶して。足に何か乗ったんですよ。全部倒れましたから。足が引き裂けて、膝から下がぶらさがったような感じがしたんですよ。それで気絶をして、何があったかよくわからないです。
中西　この近くの益城町には行かれましたか。
石牟礼　行きました。そして、また気絶しそうになって。新聞社の女性がついていってくれて、それから、ある雑誌の編集室があるコーヒー屋さんがあるんですけど、そこの女主人と私の日常を見てくれる人がいるんですけど、その人と女たちばかり四人で行きました。思いのほかに三時間もあれば見られますよと言って、連れていってくださったんですが、三十分でまた真っ青になったそうです。そして発作が来まして、ものが言えんごとなる変な発作でして、息がつけなくなって、ものも言えんごとなって。

中西　ものすごくいろんなことに感覚が繊細なんですね。

石牟礼　繊細やなくて、弱いんです。

中西　それは子どものころからですか。

石牟礼　子どものころから。泣き始めて、村中に聞こえるような泣き声を出して止まらないんですよ。母の名を呼び続けて、夕方になって「道子さんが泣いて止まらん。連れに来てくれ」って、使いが母の所へ行ったと。それで母がたまがって連れに来ましたけどね。

中西　今の話を聞いて、『苦海浄土』は日本中だけじゃなくて、今は世界中に広がっていますが、みっちゃんの泣き声がそのまま広がっているみたいな感じですね。

石牟礼　弱いので不甲斐ない。何もできない。

……『苦海浄土』を読んでいますとね、苦しんでいる人に心から共感し、身悶えしながら言葉を発しているような、鬼気迫るものを感じてしまいます。その共感する心は人ばかりではなく、動物や虫や草や木、生きとし生けるもの、さらに水や風や海や空にまで及んでいるようです。たぶん、不知火の海は石牟礼さんにとってのお母さんなのかもしれません。

〔二〇一六年八月十五日～十九日〕

無関心は罪である

鎌田 慧《さとし》さん

一九三八年、青森県弘前市生まれ。弘前高等学校卒業後に上京、カメラ工場の見習工、筆耕者養成学校の印刷工などを経て、早稲田大学第一文学部露文科に入学。卒業後、業界紙記者を経て『自動車絶望工場』を発表。以後、弱者の立場に拠ったルポルタージュを数多く執筆。社会運動にも深くかかわり、「さようなら原発」運動を呼びかけた。

……ルポライターの鎌田慧さんは、一昨年は「さようなら原発一〇〇〇万人署名市民の会」の集会で十七万人を集めたり、狭山裁判の集会ではその主催者のお一人ですし、大江健三郎さんや瀬戸内寂聴さんらと「戦争をさせない一〇〇〇人委員会」を立ち上げたりと、我が国の反差別、反権力運動の中心的存在です。

名もなき労働者を書きたい

中西　ルポライターになるきっかけには何があったんですか。

鎌田　労働者というか、働いている人たちのことを書こうという気持ちが一番の動機ですね。

中西　それはどうしてでしょう。

鎌田　僕は高卒で働き始めたんです。
中西　お生まれは弘前ですね。
鎌田　弘前高校を卒業して、進学する意思がまったくなかったので勉強を全然しなくて、東京に早く行きたいという気持ちがあって。それで東京で就職したんです。親戚の人が紹介してくれて、町工場で働き始めました。
ところが鉄工所で、ノギスという測定器で、単位が一センチの百分の一とか、そんな単位なんですよ。そんなのは、僕は小説だけ読んで暮らしていたので、それは三カ月ぐらいで辞めて、自分で職安に行って今度はガリ版の印刷工になったんです。
そのころは不況で手に職をつける志願者が多かったから、ガリ版の技術を身につける養成所というか、教習所があって、そこに就職して、生徒さんたちがカリカリカリカリ書いたのを、教材として刷るとか。文芸雑誌とか、機関紙誌、同人雑誌とか何だかんだのガリ版印刷をやっていました。
中西　ルポを書こうというのは。
鎌田　そういう労働者の現実は、ほとんど書かれていないわけですね。昔はプロレタリア文学というものがあったんですけど。だから、そいう世界を書きたいと思った。
それはやっぱりゴーリキーの影響でしょうね。ロシアにゴーリキーという作家がいて、『どん底』とか『幼年時代』、『私の大学』、そういうのを読んでいて、社会のひずみというか、そういう所に暮らしている名もなき労働者、そういう人たちを書きたいと思った。
それで大学に入ったわけです。三年たってから。だから入学も三年遅れていますね。

……ゴーリキーと聞いて、なるほど鎌田慧さんの寄って立つ位置がくっきりと見えたような気がしました。

ゴーリキーの戯曲『どん底』は木賃宿を舞台にロシアのルンペンプロレタリアートの日常が描かれていますが、我が国の最初の人権宣言「水平社宣言」に「人間を尊敬する」という言葉が入ったのは、この舞台のセリフ「人間は元来勦《いた》わるべきものじゃなく、尊敬すべきものだ」からとられたといわれています。

基幹産業の現場

中西　名もなき人たち、特に働いている人たちのそばに立って書いていこう、と。『自動車絶望工場――ある季節工の日記』（講談社、一九八三年）という本もお書きになっていますね。
鎌田　その前に僕は新聞社に入るんです。鉄鋼関係の専門紙で、日本の鉄鋼というものを書いてみたいというのが動機でした。
中西　それはどうして……。
鎌田　そのころは基幹産業といわれていて、高度成長で急発展したんですけど、そういう日本の基幹産業というか、日本の資本主義の歴史という形で書きたかったんです。それで鉄鋼新聞社に入った。そのあと北九州八幡の暴力飯場に入って、そこから人夫という形で製鉄工場で働きました。

中西　そういうルポを書くことは隠して？

鎌田　ええ、そうです。マスコミでは「潜入ルポ」といわれていましたけど、それを書いたのですが、それはでも一週間ぐらいで逃げちゃったから、今度はもっとまともにやろうというので、トヨタの工場に行った。そこでの出稼ぎ労働者として六カ月なんですけど、それをやったんです。それは自動車産業は重要な産業だから自分でやってみようと思った。

鎌田慧さん、2014年、東京・浜松町で収録

中西　基幹産業ですね。

鎌田　そうですね。日本の社会、日本の資本主義の中心ですけど、それを支えている産業を自分で体験して書いてみたいという。

中西　それはこの福岡県でいうと八幡製鉄とか。

鎌田　そうですね。洞海湾というのがあって、小倉、戸畑、若松、八幡。あの辺で僕は半年以上うろうろしていました。洞海湾というのは今は綺麗になったんですけどひどい公害地帯だった。その前に対馬の公害をやっていたので、その関連で、そのころは公害と産業というのを一つのテーマでやっていましたね。

中西　僕の生まれ育った大牟田の町をルポされた『去るも地獄残るも地獄――三池炭鉱労働者の二十年』（筑摩書房、一九八二年）というのがありますね。

鎌田　そうですね。やっぱり鉄鋼・石炭というのは密接な関係があるわけです。ですから鉄鋼をやった後に石炭産業を。もうそのころは衰退し始めていて、三池争議というのが一九六〇年にありまして、その後、一九六三年に炭塵大爆発事故がありますけど、その人たちのことを書こうと。

中西　僕は小学校の時に三池争議を目の前で見ていたんですが、こういう闘いだったのかと、改めてわかりました。

鎌田　労働者が暴力団に殺されたことがあったりして、悲しい歴史もありましたね。

……筑豊の記録作家上野英信さんがお亡くなりになって二十七年。上野さんも実際に炭鉱に下がって、炭を掘る体験をしながら様々な作品を残されました。私が鎌田慧さんに初めてお目にかかったのは一九八七年の秋、その上野さんのお葬式の日でした。

体験から考える

中西　鎌田さんの代表作『自動車絶望工場』は、どういう内容のルポですか。
鎌田　僕は出身が青森県なんですけど、ハガキが来まして、「私は津軽の出稼ぎ農民です」とあって、それで会いたいと言うので会ったんです。

出稼ぎ労働者の話をしていて、自動車工場はどこが一番キツイですかと聞いたら、トヨタだと。期間工だからすぐ入れるんですよね。それで六カ月やりました。ベルトコンベアというのは、そんなに大変そうでもないけど、みんな大変だと言うから、どのくらい大変なのかやってみなければわからないと思って、それで期間工になったんです。

ベルトコンベアに就いてとにかく組み立て作業をする。僕はトラックのトランスミッションというのをやっていましたけど、一分二十秒ぐらいで部品を何十個かつける。頭で順番を覚えても体がついていかない。それで辞めていく人が多かったですね。どんどん辞めていっていました。
中西　部分的なことをしていたら全体のことがわからないでしょう。
鎌田　局限的な労働ですからね。でも、いろんな仲間たちの話もするし、相棒たちがあっちこっちで働いていますから、出稼ぎで知り合ったとか、寮で知り合ったとか、仕事が終わってからそんな人たちの職場を見に行くとか。そうすると、全体像ではなくても大体どういう感じかというのはわかる。新日鉄の場合もそうだけど、やっぱり働いてみなければよく見えないし、自分で体験したところから全体像を考えていきます。

中西　今までいろんな労働の現場をルポされて、共通していることってありますか。

鎌田　労働構造の多重構造といっているんですけど、労働現場というのはいくつかの層があって、それが重なっているんですね。前は本工さんがいて下請けがいて、孫請けがいてという感じで単純だった。そこから、その下に出稼ぎ・日雇いがいるんですけど、今はその下にフリーター、アルバイト、ハケン、パートと多様な層が現われた。

　昔はフリーターという存在はなかった。それにくらべると、期間工の方がまだ寮に入れてくれるとか、食堂を使えるという感じで、準社員待遇だった。だけど今のフリーターは正規・非正規だけじゃなくて、もっと差別構造がひどいです。何の保証もない、いつクビになるかわからないという労働者が、今は三七％も占めているんです。不安定雇用というんですけど、何の保証もない、いつクビになるかわからない、給料も全然上がらない、社会保障もないという、膨大な層が増えてきたということですね。

……ルポと言えば、つい世間の注目を惹いたり、有名な政財界人を描いたりという先生もいらっしゃいます。鎌田慧さんは地味。常に弱者、被差別者の視点からルポをしていらっしゃいます。だからなんでしょうか、今、時代が鎌田さんをド真ん中に据えて動き始めました。

無関心は罪

中西　鎌田先生は日本のいろんな運動の真ん中にいつもいらっしゃる。脱原発というのもあります。原発の大事故が起こりました。それはこの日本の中で、今に始まったことではない感じがします。なぜ、そういう所にいつも鎌田先生はいるのか。

鎌田　だいたい初めは取材で入っているんですよ。原発でも、出稼ぎでもそうですけどね。すると、そこのいろんな矛盾を感じて、書く以外にも何かしようかと思うわけです。例えば狭山事件も取材で入って本を書いて、今ずっと運動をやるようになっている。三里塚（成田空港）闘争もそうでした。

原発も、僕はいろんな住民運動を取材していたから、その危険性とか、事故が起こるということはわかっていた。けれど、やっぱり事故が起きてみたら、運動していなかったという反省があって、やっぱり自分で何かやるべきだと考えて、それで「さようなら原発」という運動を始めたんです。大江健三郎さんとか瀬戸内寂聴さん、坂本龍一さん、落合恵子さん、鶴見俊輔さんとか、そういう人たちに一緒にやってくださいとお願いして始めました。

そうしたら集団的自衛権の問題が起こってきたから、今は「戦争をさせない一〇〇〇人委員会」というのを作ってやっています。だんだん書くよりも、あちこち運動で出かける方が多くなってしまって、もう一度元の生活に戻ろうと一所懸命やっているんだけど、なかなか戻れません（笑）。

中西　もともと鎌田さんは書く人なんですよね。その人が今、運動のいつも真ん中にいるんですよ。

鎌田　真ん中かどうかは別にして、昔は集会に呼ばれて行って話をするという感じだったんですけど、今は自分で集会をやって、どなたかに来て頂いて、そこで話もするという。

中西　どっちかというと主催者になっていますね。

鎌田　主催者になっちゃったから、全然収入にならない（笑）。

中西　今のお話を聞いていると「人が生きる権利＝人権」が真ん中にあるような気がします。

鎌田　困っている人とか、追い詰められている人たちがいたら、それに無関心でいるのは罪だと思うんです、知っていて何もしないというのは。やっぱり知ったら何かしないといけないと思う。いろんな迫害されている人たちに対して、無関心だというのは、やっぱり罪だと思う。気がついたことは、やらなければいけない。ただ、だんだん時間が無くなって、仕事する時間がなくなっていくというのは、大きな矛盾ですけど。

……いじめや差別に対して抗議するのは、とても勇気のいることです。それでも、被害を受けている人は、一緒に抗議をしたり、応援してくれる人がいればどんなに心強いことでしょう。でも、見て見ぬふり、これは傍観者であり、加害者です。そして犯罪でもあります。

中西　若い人たちには広がっていますか。

鎌田　ツイッターとか、私はやらないからよくわからないけど、チュニジアやエジプトの中東革命はそれで起こったといわれています。そこまでは行かないけど、いろんな情報はどんどん共有されている。その広まりは前よりも早く、ひろいでしょうね。どこそこで何かやっているから集まろうとか。そういう情報は前よりものすごく速いし、集まりやすくなっていると思いますね。

ただ、日本は不思議なことに集まれる場所がほとんどない。公園が少ないし小さいんです。他の国には大広場があるんだけど、東京なんかにも大集会場がほとんどない。というのが不思議ですね、日本にはそういう公共の空間がないんですよね。

中西　広場がないですよね。こういう運動は若い人が担っていかなければいけませんね。

鎌田　世の中を動かすのは、やはり若い人で、幕末以来、他の国もそうですし、みんな若い人がやります。けれど、若い人はいまは就職するので精一杯という状況でしょう。何かやると就職に響くという、それで委縮してしまっているわけです。やっぱり正社員にならないと生活が安定しないから、ということが刷り込まれているんですよね。安定した生活をしたい、というのが。でも、もうそういう時代ではなくなっちゃったんですけどね。

中西　若い人たちに伝えたいことは、何か一言ありますか。

鎌田　やはり、嫌なことは嫌だと言って、自分を粗末にしない。我慢しすぎないで、自分でもう一回やり直す決意を固める。やり直すのはそんなに難しくないわけで、私なんかは十八歳で労働組合を作って解雇されて、それでかえってこういう自分のテーマみたいなものができたわけですから。

　何か体験があると人生について考えるし、新しい生き方も考える。何かあったらそれで人生がお終い、ではないわけです。やり直しはいくらでもきくんですよね。そういうことを大人たちが教えなかったと思うんですね。一回落っこったらお終いだよ、ぐらいのことしか言われていないから、現状維持の考えに縛られ、恐ろしくなって言いたいことも言わない、ということになっています。

　でも、米の飯とお天道様はどこへ行ってもついてまわる、という感じで、大丈夫なんですよ。飯とお天道様は何とかなる。ついて回るんですよ。

……広場があればなァ。鎌田慧さんの心からの叫びを聞いたようです。一昨年、さようなら原発集会で十七万人を結集させた鎌田さん。やり直すのは難しくないという言葉は、若者ばかりではなく、今を生きる私たちへの力強いエールに聞こえました。鎌田慧さん、七十六歳。

〔二〇一四年八月十八日〜二十二日〕

芸能と差別

小沢昭一さん

俳優（一九二九～二〇一二年）。早稲田大学仏文科卒。「とら」で芸術祭奨励賞。以降、舞台、映画、テレビ、ラジオなどで活躍。「にあんちゃん」でブルーリボン賞。「しみじみ日本・乃木大将」で紀伊國屋演劇賞。「日本の放浪芸」シリーズで日本レコード大賞企画賞等を受賞。一九七三年より晩年までTBSラジオ「小沢昭一的こころ」をつとめる。

……おかげさまでこの番組も十七年目、今週で放送千回を迎えます。記念として、どなたにお越しいただこうかと迷ったんですが、お盆特集です。僕の師匠でもあり、昨年（二〇一二年）暮れに八十三歳でお亡くなりになった小沢昭一さんにご登場いただきます。六年前（二〇〇七年）の録音が残っていました。

学生時代は演劇部

中西　僕が小沢さんの芸能座に入ってからもう三十年ほど経ちます。そこでお芝居のABCを教えてもらったんですけれど、小沢さんが俳優になったきっかけは何ですか。

小沢　よく憶えていないんだよね。ガチャガチャしていた戦後の時代だから。

精神的にはやっぱり、それ以前の軍国少年だったからね。それが戦後の自由の時代を迎えて、解放感みたいなものが根底にはあって。なんか元気に「わかった、わかった、こっちの方がどうもいいよ、やろうよ」という感じで羽ばたいたという気はするんだけど。

俳優をやろうというのは、やっぱり学生時代、旧制中学校のころから演劇部をやっていたということがあって、その延長かな。小学生のときに初舞台を踏んでいるからね。学芸会だけど、楠木正成の役をやったの。そういう下地があったから、よし、じゃあやってみようかなと。

でも、そんなに真剣ではなくて、新聞で俳優座の養成所の募集記事を読んだから、じゃあと行ってみたら入っちゃったという。もうあとは流れ作業みたいにダラダラ、ダラダラ、今日までやっている。そんな感じですけどね。

中西　お芝居をやることは、ご両親にはおっしゃったのでしょう。

小沢　うん。親父はね、僕が芝居をやるというのを聞いて死んじゃった。

中西　え？

小沢　死んじゃったの、本当に。病気で寝ていたんだけどね。だから俳優座の養成所に入った日の前日がお葬式。

中西　とどめを刺したんですか。

小沢　うん、そういうこと。

お袋はね、どうも嫌だったみたいだね。だって食っていかなきゃいけないのに、俳優になるということは食えないということだからね。今とは全然違うから。
　だから、お袋は落胆していたんだけれど、でも僕は軍隊の学校に行っていたから、いっぺんは戦争に出した子ども、捨てた子なんだよ。だからもう諦めて、「好きなようにおやりよ」という、そういう母親の愛情だろうと思うけど。

中西　生きていればこそ、ということですね。

小沢　まあね。

……僕が小沢さんの劇団に入ると言ったとき、僕のお袋はひと月寝込みました。僕は何とか説得して東京に向かったんですが、その間に劇団は旅公演に出かけて、僕は途中参加になってしまいました。普通はそんな新人は即クビなんですけど、小沢さんは「よく来た、よく来た」と言って迎えてくれました。

芸能のはじまりは何なのか

中西　ずっとお芝居の仕事をやられていて、放浪芸の探索の旅に出られますよね。あの旅のきかっけは何ですか。

小沢　あれは病気をしてね。

中西　どんな病気ですか。

小沢　なんだかわけのわからない病気なんだけど、その話をすると一時間もかかるから。とにかく病気をして、肉体が具合悪くなると精神も具合悪くなって、もう俳優をやめようというふうに思ったの。

それで何か他の商売をやろうと思って、職業別電話帳の目次をはじめからずっと見たの。色々と興味のある、再出発の仕事を探していたら、ああ芸能人というのも面白いなと思って。結局またね、じゃあやろうと（笑）。

ただ、そのときに、俳優の仕事というのは原則的にどういうことなのか、社会にどういう要請があってこの仕事が生まれたのかなということを調べたくなって、それで早稲田の大学院に行って、郡司正勝（一九一三〜九八年）先生のところで、俳優のもとは何か、演劇・芸能のもとはどうかということを勉強したんだよね。そうすると、自分でも具体的に調べたくなって、あちこち出歩いて調べだしたということですね。

中西　幅広く芸能を調べられていますよね。演劇だけではなくて、漫才やストリップとか。

小沢　そういうものも全部ひっくるめて芸能と考えている。あんまり俳優とか演劇とか狭めないで、いったいどういうことなのか、広く渫《さら》ってみたいなと思ったわけです。

中西　漫才も実際にやられていますよね。三河万歳の太夫さんと一緒に才蔵役で、道を歩いて。

小沢　漫才は中学校を卒業するときに、堺正俊君、後のフランキー堺という人と二人で、やったことがあるんです。「早慶漫才」ですよ。向こうが慶応の側に立って、こっちが早稲田の側

小沢昭一さんと中西和久（撮影・裏昭）

に立ってやるという。昔むかしの話です。ハンカチ王子もまだ出てこない昔の話だ（笑）。

……芸能研究の金字塔といわれる小沢さんの『日本の放浪芸』シリーズ（一九七〇年代にレコード化、一九七四年に番町書房より単行本化）。この研究がなければ、それまで市井《しせい》に埋もれていた芸能の数々や、それを担ってきた人々の生の声は、歴史の流れの中に消えていったことでしょう。

米社会と差別

小沢　早稲田で郡司先生から、芸能のもと、芸能人のもと、俳優はどういうところから出てきたかというようなことを教わっていくうちに、だんだんわかってきたことは、つまり日本は米社会で、お米というものを作るという構造の中に組み入れられている人たちは、ちゃんとした人である。そうでない連中はダメだ。そういう考え方がずっと昔からあるわけ。つまりそういう意味では、社会から弾き出された人は食っていけない。

食うためには何か考えなければいけないということで、あるときお正月に「今年はお米がとれますよ。ああ、めでたい、めでたい」とか言いながら回って歩くということを考えだしたやつがいた。責任は持たないですよ。責任は取らないんだけど、そう言うと皆は気分がいいじゃない。だから、それにお金をくれたりお米をくれたりする。そういう仕事をやりだした連中というのがいたわけ。

その連中は米社会の枠組み、つまり士農工商の枠組みから外れていた連中だった。だから、昔から人間的にダメなやつだと思われたりするような、そういう差別的な構造というものが、そのころからどうもあったらしい。

そういうことが少しずつわかってきて、僕は目覚めていくわけよ。「解放新聞」編集長の土方鉄《ひじかたてつ》(作家。一九二七〜二〇〇五年)さんのお書きになったものとかを読んでいくうちに、だんだん啓発されていくわけです。いいじゃないか、それで。やってやろうじゃないか。そういう気持ちになっていった。でも僕自身がそういう被差別の所で育ったわけではない。だけれども何とかそっちの仲間に入れてもらいたいなと思って、一所懸命、せめて勉強だけでもしようと思って、頑張りましたよ。

中西　放浪芸の旅の中で、山口県の光市で猿まわしを発掘されますね。

小沢　山口県熊毛郡に昔、猿まわしがあって、それが日本全国に出ていったと本で読んだので、あちこち訪ね歩いて。熊毛郡といっても広いからね。それで光市という所へ辿りついたんですよ。その話は長くなるな。

中西　（笑）。

小沢　これは明日のこころだァ。

……我が国は世界的にみても芸能の宝庫です。六百年前の演劇がそのまま上演されている国なんてありません。能楽、文楽、歌舞伎。近年、ユネスコの世界遺産に登録された芸能のすべてが、当時、河原乞食の所業とさげすまれた賤民《せんみん》芸能でした。

猿まわしの復活

小沢　光市へ行って、教育委員会みたいなところに行きました。「昔、猿まわしがこの辺であったと聞いたんですけど」と言うと、「いえいえ、ありません。ありません」と。そこで郷土史家の先生を紹介してくださったんだけれど、その先生も「そんなものないですよ」と言うんですよね。

それで、しょうがない、帰ろうと思ったら、光市の市会議員の方たちが会議を終えて出てこられた。その中の一人から「小沢さん、何しに来たの？」と聞かれたから話したら、「猿まわし？　ふーん、君は真剣にそんなことを考えているのか？」なんて言う。「ええ、真剣です」。「真剣か⁉　うん。それじゃあ、俺の家へ来い」と言って連れて行ってくれたのが、村崎義正（一九三三〜九〇年）さんだったのです。

村崎さんによると、猿まわしに出るというと差別されるから、みんなそーっと訓練をして、そーっと日本中に出て行ったという歴史があったらしい。だからみんな知らないんだよ。それぐらい、みんな差別されて。猿まわしの仕事をしているということで白眼視されるような、そういう状態があったのよ。

そんなことがあって親しくなった村崎さんが、「俺の親父は猿まわしだった」と話してくれて、そこから月日が経って、市会議員を辞められた。あの方は市会議長になるぐらいの立派な方だったんですけど、辞めて、「それじゃあ猿まわしをやるか」ということになってくださったんです。そして「周防猿まわしの会」を作られた。

中世以来あった、日本の本当に素晴らしい民俗芸能であるところの猿まわしが、一人の市会議員さんが議員を辞めて、自分がやるという決意で復活したんだよ。

それまでまったく消えちゃっていたんだ。昭和のはじめのころはいっぱいあったんだよ。お正月になると、お猿さんが来て面白い芸をいっぱい見せてくれたんだ。それが無くなっちゃってたの。だから懐かしくて、僕はもうそれが復活したときは本当にうれしかった。

……村﨑義正さんは晩年、阿蘇の広大な敷地に「阿蘇猿まわし劇場」を開設されました。劇場入口の看板の揮毫は小沢昭一さんです。今では人気の観光スポットです。

戦争は最大の人権侵害

小沢　差別の問題は本当に重要な大変な問題で、そんなものは今はもう無いだろうなんていう人もいるんだけど、とんでもない話です。まだまだ人間が人間を差別するというけしからんことは、底の方に結構あるんですよ。それを粉砕していかなければいけない。職業差別もあるし、結婚の差別とか色々ありますよ。

その上で、僕は何が最高の人権を守ることかというと、やっぱり戦争をしないことだと思う。戦争って人殺しだもの。正義のためだとか世界貢献のためとか、いろんなことを言うよ。けれども結局、人殺しをし合うわけだしね。

それが一番大事なことで、戦争というのは、なってからではもう遅いのよ。なりそうなときでも遅いんだよ。なりそうな気配が出そうなときに、なんとかそれをつぶさないとダメなんで、今はどうもそのときのような気が。とってもヒタヒタと迫ってくるんだけどね。

政治をやってくれる人たちはご苦労だけど、みんな若いから体でわからないんだよ。あの戦争の辛さ。食い物が無くなったらどうするのということは、実際に経験してみないとね。

日本は本当に島国で、他国にお世話にならなければならない。だからみんな、隣国とも仲良くして、ペコペコしたっていいんだよ。「おかげさまです。おかげさまです」と言って、大国意識を持たずにですね、中の下ぐらいのところで十分なんだよ。それでささやかに、でもみんなで心を寄せ合って生きていくという、そういう国になるように。

　そのためには戦争を憎む。人権というものの根本は、戦争によって侵されるものなのだということを、ひしひしと感じますね。

中西　僕は小沢さんと若いころからずっとお芝居をやらせていただいていますが、小沢さんの基調テーマは、とにかく戦争を憎んだりとか、人間が生きていくことの大切さということを基調にされています。

　では、企業秘密で、これだけはやらなかったけど、やりたい役ってありますか。

小沢　ファッションショーのときに、最後にモデルと一緒に出てきて、引っ込むだけのおじさんがいるじゃない。あれをやりたいな。

中西　あれ、やりたいの？　わははははは……。

小沢　あれはまだ一度もやったことがないんだよ。色々やったんだけどね、あれやりたいのよ。

……この収録は六年前ですけれど、今でも新しい。いや、今だからもう一度聴いてみたい小沢昭一さんのお話でした。この放送、今日で千回目でした。この番組、この秋からインターネットでも聴けるそうです。ではまた、来週のこころだーっ!!〔二〇一三年八月十二日〜十六日〕

あとがき

二十年前この番組の企画書を読んで、悲鳴をあげました。そこには「俳優中西和久が福岡県内に生起する差別事件を訪ね歩き、差別者を糾弾する！」とありました。この画期的、革命的な企画に「面白い、やりましょう！」と……言わずによかった。これではほとんど水戸黄門です。

ひとり芝居の舞台では、二時間近くしゃべりっぱなしですが、それは人の書いたものをあたかも中西が自分の言葉で語っているように演じているだけで、普段は「口下手」で通っています。ラジオという言葉や音楽で成り立っている世界には不向きな役者です。辞退しました。でも番組プロデューサーは「聞くことならできるでしょう」と譲りません。「うん、それならできそう！」

リスナーに代わってお話を聞くこと、できるだけ「当事者」の声を聞くことにしました。

視覚に頼らないラジオは、言葉だけでなく肉声をじかに届けることができます。リスナーは想像力をかきたてられます。これがラジオの強み。「沈黙」や「すすり泣き」や「ため息」時には「笑い」や「うめき」……ものが言いたくてもじっと唇を嚙んでいる、声にならない声が圧倒的な説得力を持つことがあります。想像力さえあれば「差別」や「イジメ」はなくなるのでは……、と思いつつマイクのむこうのリスナーに語りかけます。

この番組のタイトルは「個人」の声を聞きたくて「ひと日記」としました。差別やいじめに遭遇した時、まず初めにそれは個人で受け止めることになります。それがいかに辛く、孤独で、惨めなことであろうと「個」が引き受けねばなりません。そしてやがて自立した「個」が声をあげた時、「個」と「個」が結びあい時代の記録となって人々の記憶となります。

私は、演劇の世界に入って今年で四十年、ひとり芝居の旅に出て三十年になりました。日本列島各地を右往左往しながら、またいくつかの海外公演の中で自分なりに見つけたことで、いえ、たいしたことではありませんが……芝居は舞台だけでは成り立ちません。お客様の想像力が頼りです。感動は心の中で結実します。こんな小さな役者にできることなんてたかが知れています。だから、お客様にすべてお任せすることにしました。「喜怒哀楽」は万国共通。ただその振幅の大きさ、広さ、深さが「感動」となってお客様に記憶されるとのだと思います。

さて、そろそろ九州場所。相撲もお芝居と同じように芸能の一つです。両者が真剣に取り組む姿が感動を呼びます。この「中西和久ひと日記」も、私なりにご出演の皆様と一番一番真剣に取り組んできたつもりです。勉強不足でご迷惑をおかけすることも多々ありますが……。スタジオにお招きしたり、取材に伺ったり、皆様のご都合に合わせて西に東に旅を続けています。一回の取材にまる一日かけることもあり、局に帰ってからの編集は深夜に及ぶことになります。この番組は毎年春から夏にかけての毎週月曜日～金曜日の一週間、お一人に焦点をあてて放送しています。

ご出演の皆様はもちろん、担当スタッフをはじめ、KBC九州朝日放送ラジオ局の皆様、さらに番組スポンサーの福岡県、福岡県人権啓発情報センターの皆様には誌上を借りて厚く御礼申し上げます。さらに多くのリスナーの皆様のハガキやメールでのご感想や、励ましのお言葉に、いつも元気と勇気を頂いています。心から御礼申し上げます。また、この番組は福岡県人権啓発情報センターのHPにアクセスすると過去二年分の放送が、いつでもお聞き頂けます。

海鳥社から出版した『ひと日記』はこれで第二集目となりました。この本に収録を快く引き受けてくださった皆様ありがとうございます。また紙幅の都合でご紹介できなかった皆さま、心からお詫び申し上げます。ただ、リスナーの皆さまから、過去の収録のアーカイブを創って欲しいとのご要望もあます。どうぞお知恵をお貸しください。

この番組を企画していただいた元KBC九州朝日放送参与北孔介氏に心から感謝いたします。さらに、売れ行きも顧みず出版してくださった図書出版海鳥社の西俊明氏にただただ御礼申し上げます。それよりなにより、数ある出版物の中からこの本を手にとってくださったあなた。読んでいただいたあなた。ありがとうございます。

二〇一六年十一月六日

中西和久

中西和久（なかにし・かづひさ）劇団「芸能座」で俳優修業。初舞台は1977年「浅草キヨシ伝」（井上ひさし作・小沢昭一演出）の川端康成役。86年より自作のひとり芝居「火の玉のはなし」をもって全国行脚。「しのだづま考」の演技で91年度文化庁芸術祭賞を受賞。同作品で国際交流基金主催公演として韓国主要都市巡演、東欧2カ国の国際演劇祭へ招待参加。98年には新国立劇場開場記念賛助公演を務める。2008年ロシア・エカテリンブルグ国際演劇祭で特別賞受賞。13年、ＮＨＫＢＳプレミアム「心はものに狂わねど〜中西和久説経節ひとり芝居」。福岡県文化賞、春日市民文化賞などを受賞。京楽座主宰。

ひと日記

このひとに会いたい

■

著者　中西和久

■

2016年11月6日　第1刷発行

■

発行者　杉本雅子

■

発行所　有限会社海鳥社

〒812-0023　福岡市博多区奈良屋町13番4号

電話092（272）0120　FAX092（272）0121

http://www.kaichosha-f.co.jp

印刷・製本　大村印刷株式株式会社

ISBN978-4-87415-989-7

[定価は表紙カバーに表示]